KB263812

가정교회 삶 공부 교재

생명의 삶

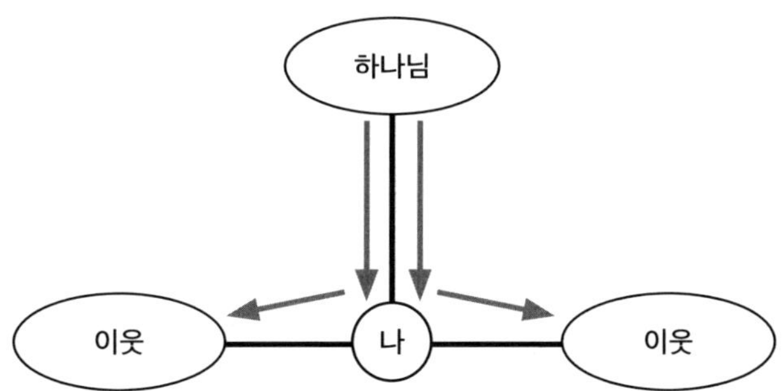

가정교회 삶 공부 교재

생명의 삶

지은이 | 최영기
초판 발행 | 2024. 9. 11.
8쇄 발행 | 2026. 1. 20.
등록번호 | 제1988-000080호
등록된 곳 | 서울특별시 용산구 서빙고로65길 38 두란노빌딩
발행처 | 사단법인 두란노서원
영업부 | 02)2078-3333   FAX | 080-749-3705
출판부 | 02)2078-3331

책값은 뒤표지에 있습니다.
ISBN 978-89-531-4904-5 03230

독자의 의견을 기다립니다.
tpress@duranno.com   www.duranno.com

* 본문에 사용된 성경은 새번역성경입니다.

두란노서원은 바울 사도가 3차 전도여행 때 에베소에서 성령 받은 제자들을 따로 세워 하나님의 말씀으로 양육하던 장소입니다. 사도행전 19장 8-20절의 정신에 따라 첫째 목회자를 돕는 사역과 평신도를 훈련시키는 사역, 둘째 세계선교(TIM)와 문서선교(단행본·잡지) 사역, 셋째 예수문화 및 경배와 찬양 사역, 그리고 가정·상담 사역 등을 감당하고 있습니다. 1980년 12월 22일에 창립된 두란노서원은 주님 오실 때까지 이 사역들을 계속할 것입니다.

생명의 삶

최영기 지음

두란노

차례

서문 _6

《생명의 삶》교재 사용법 _10

《생명의 삶》성경 공부 안내 _11

《생명의 삶》진도와 성경 요약 숙제 범위 _12

성경 요약 숙제하는 방법 _13

《생명의 삶》암송 성구 _15

《생명의 삶》암송 성구 암송 방법 _17

《생명의 삶》주제가 _18

자기소개서 _19

서론　　신앙생활에서 가장 중요한 것 _20

1과　　죄와 하나님의 해결책 _25

2과　　회개와 믿음 _37

3과　　중생과 확신 _47

4과　　거룩한 삶과 믿음의 성장 _59

5과　　성경과 하나님 _73

6과　　예수님과 성령님 _85

7과　　신약 교회 _101

8과　　교회 생활과 가정교회 _109

9과　　그리스도인의 정체성과 승리의 생활 _129

10과　　헌신 _145

11과　　헌신의 특권 _159

《생명의 삶》을 마치며 _173

성경 요약 숙제 노트 _177

가정교회 삶 공부 안내 _211

저는 할아버지가 목사님이시기 때문에 선택 없이 어릴 적부터 교회 생활을 시작했습니다. 고2 때 세례도 받고, 학생회장직도 맡았습니다. 그러나 대학교에 입학해서 믿지 않는 친구들과 어울리며 술, 담배도 시작하고, 교회와 멀어지기 시작했습니다. 그리스도인들이 사회적 부적응자에다 초라해 보이기까지 했습니다.

돌아보니 청소년 때 교회 생활은 열심히 했지만 체계적인 성경 공부를 해 본 적도 없고, 신앙생활을 오로지 설교에만 의존했기 때문에 신앙 기반이 없어서 세상 앞에 맥없이 무너졌던 것 같습니다.

대학을 졸업하고(전자공학) 해군 장교로 3년 3개월 군 복무를 마친 후, 박사학위 취득을 위해 미국의 오하이오주립대학원에 입학했습니다. 저는 이때 예수님을 인격적으로 만나고 주님으로 영접했습니다.

캠퍼스에서 전도 대원들이 나누어 주는 신약 성경 한 권을 받아 읽는 것에서 시작이 되었습니다. 실험을 마치고 논문을 쓰고 있을 때라 시간 여유가 있어서 마태복음 1장 1절부터 읽기 시작했습니다. 그런데 성경이 생전 처음 접하는 책 같았습니다. 너무나도 재미있어서 사흘 만에 신약 성경 전체를 다 읽었습니다.

물론, 재미가 있었다고 해서 은혜를 받았다는 의미는 아닙니다. 오히려 독선적으로 보이는 예수님에 대한 거부감, '성경에 기록된 기적이 사실이었을까?' 하는 의문으로 인해 많은 내적 갈등이 있었습니다. 그러나 오랜 고민 끝에 예수님이 죽으셨다가 부활하신 것은 부인할 수 없는 역사적인 사실이라는 결론을 내리지 않을 수 없었고, 그렇다면 예수님은 진정으로 하나님의 아들이시라는 확신이 생겨서 예수님을 주님으로 영접했습니다. 제가 서른 살 되던 해였습니다.

이런 과정을 통해 제가 깨달은 것은 성경은 누구나 읽으면 이해할 수 있는 책이라는 것이었습니다. 또 성경을 통해 진짜 예수님을 알게 되면 예수님을 믿지 않을 수 없다는 것이었습니다. 그리고 성경 안에 모든 인생 문제에 대한 해답이 있다는 것이었습니다.

저는 6·25전쟁 때 부모님을 다 잃은 탓인지 어릴 적부터 인생에 관해 비관적이었습니다. 초등학교 3학년 때 잠자리에 들면서 '내일 일어나지 않으면 좋겠다'고 생각했던 기억이 생생한 것을 보면, 어린 나이에 깊은 우울증에 빠졌고 자살 충동까지 있었던 것 같습니다.

이해 안 되는 인생을 이해하고자 초등학생 때부터 집 서가에 있는 책들을 의미도 모르면서 닥치는 대로 읽었습니다. 청소년 때에는 심리학에 답이 있을 것 같아서 지그문트 프로이드(Sigmund Freud)의 저서를 비롯해 많은 심리학 서적에 빠지기도 했습니다. 대학생이 되어서는 실존철학에 열광하기도 했습니다. 장년이 되어서는 초월명상에 매료되어 매일 20분씩 두 번, 명상의 시간을 갖기도 했습니다. 그러나 이런 노력에도 불구하고 인생에 대해 만족스런 답을 찾을 수 없었습니다. 그러다가 성경을 통해 예수님을 만나면서 모든 문제가 해결되었습니다.

박사학위를 취득한 후 캘리포니아 실리콘밸리에 소재한 연구실에서 연구 생활을 시작했습니다. 그 시절에 담임목사님의 권유로 직장인으로서 성경 공부 그룹을 인도하게 되었습니다.

저는 전통적인 성경 공부 방법으로는 성경의 재미가 잘 전달되지 않고 삶의 변화도 잘 일어나지 않겠다는 생각이 들었습니다. 그래서 신학교에서 다루는 주제를 선택하고 이에 관한 핵심적인 성경 구절 3-4개를 선정해서, 평이한 용어를 사용하여, 쉬운 일상 예화를 들어서 개념을 설명해 주고, 대화하듯이 인도하는 성경 공부 교수법을 개발했습니다. 이것이 바로《생명의 삶》입니다.

처음에는 8명이 수강했는데, 다음 기에는 12명, 또 다음 기에는 24명이 수강했고, 이후 소문이 나서 수강생이 급증하게 되었습니다.《생명의 삶》성경 공부를 도입한 교회에서는 어디에서나 같은 열매를 맺고 있습니다. 그래서 지금은 세계 어디에 있는 가정교회든《생명의 삶》을 신앙생활의 기초로 삼고 있고, 이미 이 교재는 10여 개가 넘는 언어로 번역되어 사용되고 있습니다.

왜 이런 열매가 있나 확인해 보니, 마음속에 품고 있는 기독교에 대한 의문을 풀어 주고 기독교 진리를 쉽게 이해시켜 주기 때문이라고 했습니다. 또 교회를 오래 다닌 분들의 삶도 변했습니다. 이미 알고 있는 성경 지식을 구슬 꿰듯이 체계를 잡아 주기 때문이라고 했습니다.

성경과 기독교에 대해서, 예수님과 하나님에 대해서 궁금한

마음을 가지고 《생명의 삶》 성경 공부를 시작하는 여러분에게
도 비슷한 결과가 있을 것이라 기대하며, 여러분을 응원합니다.

최영기 목사

'모다카이브'는 '한곳에 더불어 많이 있게 하다'라는 의미의 순수 우리말
'모다'와 '기록 보관소'라는 의미의 영어 단어 '아카이브'(archive)를 조합한
말입니다. 여기저기 흩어져 있는 최영기 목사의 글과 동영상을 한곳에 모
아 누구나 편하게 접근할 수 있도록 했습니다.

《생명의 삶》 교재 사용법

《생명의 삶》 성경 공부는 기독교와 성경에 대해서 전혀 모르지만, 하나님과 예수님에 대해서 관심이 생긴 분들을 위해서 최영기 목사(국제가정교회사역원 초대원장)가 조직신학의 주요 주제들을 스토리텔링으로 풀어낸 강의 중심의 성경 공부입니다.

지금까지 전 세계 수많은 비신자들과 성도들이 《생명의 삶》 성경 공부를 통해서 하나님에 대한 오해를 풀고 예수님을 구주와 주님으로 영접하고 행복한 신앙생활을 하고 있습니다.

본 교재는 예습을 위한 교재입니다. 진도표에 따라 다음 강의에서 배울 과의 서두에 서술되어 있는 질문을 미리 읽어 보고, 제시된 성경 본문을 성경에서 직접 찾아 빈칸을 채우면서 스스로 그 답을 생각해 봅니다.

그리고 강의를 들으면서 내가 찾은 답과 비교하며, 성경을 스스로 읽고 이해하는 방법을 배울 뿐만 아니라, 배우고 깨달은 것을 실제 삶 속에서는 구체적으로 어떻게 적용할 수 있는지를 함께 생각해 보고 실천하는 성경 공부이기에 '삶'이라는 단어가 들어가 있습니다.

《생명의 삶》 성경 공부를 교회에 적용해 보기를 원하는 목회자들은 국제가정교회사역원에서 연 10회 이상 제공하는 목회자를 위한 가정교회세미나에 참석해 《생명의 삶》 인도법을 배우고 다양한 강의 자료를 받을 수 있습니다. 목회자를 위한 가정교회세미나 일정과 그 외 가정교회에 대한 자세한 안내는 국제가정교회사역원 홈페이지(www.housechurchministries.org)를 참고하기 바랍니다.

《생명의 삶》에는 성경 요약 숙제가 있는데, 《생명의 삶》의 목표 중 하나인 "성경을 읽고 스스로 이해하는 능력을 배양"하기 위한 숙제입니다. 본 교재에 안내되어 있는 "성경 요약 숙제하는 방법"을 따라 "성경 요약 숙제 노트"에 매주 정해진 분량을 스스로 요약해서 써 보면 평생에 간직할 만한 신앙의 이정표가 될 것입니다. 컴퓨터로 작성하기가 편한 분들은 인쇄해 스크랩을 해 두어도 좋습니다.

《생명의 삶》 성경 공부 안내

목적 1. 예수님을 ☐☐ 하고 ☐☐ 의 확신을 얻는다.
2. 성경을 읽고 ☐☐☐ 이해하는 능력을 배양한다.
3. 신앙생활의 ☐☐ 를 확립하며 신앙적인 의문에 대한 답을 얻는다.

기간 13주(1주-서론, 13주-시험)

시간　　　　　　　　　　　　　　　　**등록금**

교재 새번역성경,《생명의 삶》교재

과제 1. 진도표에 따라 다음 강의에 배울 성경 공부의 성경 구절들을 찾아 빈칸을 채우며, 강의를 통해서 무엇을 배울지 기대해 주십시오.
2. 수업 후에는 들은 강의를 잠깐 복습하면서, 가장 기억에 남는 것과 나의 결심을 한번 적어 보십시오.
3. 진도표에 따라 다음 강의에 해당하는 성경을 읽고 내용을 요약해 오십시오(13쪽 "성경 요약 숙제하는 방법" 참고).

재수강 다음의 경우가 되면 다음 기에 재수강해 주십시오(등록도 다시 합니다).
1. 1-4주차 강의 중 결석이 2회가 되는 경우
2. 결석 일수가 4회가 되는 경우
3. 성경 요약 숙제가 4주 치 밀린 경우

수료 1. 최종 성적이 60점 이상이고(출석 25점, 숙제 25점, 시험 50점)
2. 결석 일수가 3회 이하이고
3. 성경 요약 숙제를 빠짐없이 한 경우

시험 기말고사(13주)
1. 50% 단답형(문제와 답을 미리 알려 드립니다)
2. 25% 성경 구절 암송(수업 중 함께 암송합니다)
3. 25% OX 문제(교재와 강의 내용에서 아주 쉽게 출제합니다)

부탁 사항 1. 5분 전에 착석하십시오. 강의 첫 5분이 가장 중요합니다.
2. 늦더라도 오십시오. 강의 중 일찍 가야 하더라도 들을 수 있는 만큼 듣고 가십시오. 출석 인정됩니다.

《생명의 삶》 진도와 성경 요약 숙제 범위

주별 진도				성경 요약 숙제 범위 (재수강 시 요약 범위)
날짜		주제		
1주		서론	신앙생활에서 가장 중요한 것	
2주		1과	죄와 하나님의 해결책	요한복음 1-4장 (사도행전 1-4장)
3주		2과	회개와 믿음	요한복음 5-8장 (사도행전 5-8장)
4주		3과	중생과 확신	요한복음 9-12장 (사도행전 9-12장)
5주		4과	거룩한 삶과 믿음의 성장	요한복음 13-16장 (사도행전 13-16장)
6주		5과	성경과 하나님	요한복음 17-21장 (사도행전 17-20장)
7주		6과	예수님과 성령님	야고보서 1-5장 (사도행전 21-24장)
8주		7과	신약 교회	로마서 1-4장 (사도행전 25-28장)
9주		8과	교회 생활과 가정교회	로마서 5-8장 (고린도전서 1-4장)
10주		9과	그리스도인의 정체성과 승리의 생활	로마서 9-12장 (고린도전서 5-8장)
11주		10과	헌신	로마서 13-16장 (고린도전서 9-12장)
12주		11과	헌신의 특권	요한일서 1-5장 (고린도전서 13-16장)
13주			전체 복습과 마무리	

* 세 번째 수강부터는 성경 요약 숙제의 범위를 자율로 정해 한 주에 4-5장씩 11회에 나누어 요약합니다[추천: 창세기(50장), 사무엘상+사무엘하(55장), 마태복음+에스라+느헤미야(51장), 열왕기상+열왕기하(47장)].

성경 요약 숙제하는 방법

요한복음 1장을 펴 보면 단락이 나뉘어 있고, 단락별로 소제목이 굵은 글씨로 적혀 있습니다. 요한복음 2장에도, 3장에도 같은 방식으로 소제목이 적혀 있습니다.

1:1-18	육신이 되신 말씀
1:19-28	세례(침례)자 요한의 증언
1:29-34	하나님의 어린양을 보아라
1:35-42	첫 번 제자들
1:43-51	부르심을 받은 빌립과 나다나엘

1. 먼저 소제목과 그 단락의 범위를 옮겨 적으십시오.
   육신이 되신 말씀(요한복음 1:1-18)

2. 요한복음 1장 첫 번째 단락, 1절부터 18절까지 한 번 쭉 읽고 그 단락의 내용을 다른 사람에게 전해 준다고 생각하고 2-3줄로 간단하게 적어 보십시오. '요한복음의 저자가 도대체 무슨 말을 하려고 하는지, 저자의 의도를 파악하여 전달하는 것'에 초점을 맞춥니다.

3. 한 번 읽어서는 잘 되지 않을 것입니다. 처음에는 누구에게나 쉽지 않습니다. 그때는 2-3회 반복해서 읽고, 그 내용을 요약합니다.

4. 첫 번째 단락이 다 되었으면, 두 번째 단락, 세 번째 단락을 차례대로 같은 방법으로 요약합니다.

5. 일단 한번 시작해 보기 바랍니다. 처음에는 쉽지 않겠지만, 2-3주 해 보면 성경 요약이 점점 쉬워지고, 또 성경도 재미있어질 것입니다.

6. 성경을 읽고 좋았던 점이나 불편한 점, 느낀 점을 쓰는 것이 아닙니다. 먼저 저자의 의도를 파악하는 데 집중하여 '요약 숙제'를 다 하고 난 뒤에, 좋았던

점이나 불편한 점, 궁금한 점이 있으면 함께 메모를 남겨도 좋습니다.

7. 다음은 성경 요약의 예시입니다. 해당 구절을 쓴 후, 소제목과 핵심 내용을 기록하면 됩니다.

요한복음 1장

육신이 되신 말씀(1:1-18)
그리스도는 영원 전부터 존재한 말씀이셨다. 이 말씀이 인간이 되어 세상에 오셨으나, 사람들은 이분을 맞아들이지 않았다. 그러나 이분을 맞아들이고 믿는 사람들에게는 하나님의 자녀의 특권이 주어졌다.

세례(침례)자 요한의 증언(1:19-28)
세례(침례)자 요한은 자기가 예언자도 아니고 더구나 백성이 고대하던 그리스도도 아니라는 것을 공식적으로 천명했다. 그는 자신이 그리스도가 오시도록 길을 닦아 놓는 준비 작업을 하는 사람에 지나지 않는다고 말했다.

《생명의 삶》 암송 성구

1. 모든 사람이 죄를 범함

로마서 3:10-11

성경에 이렇게 기록되어 있습니다. "의인은 없다. 한 사람도 없다. 깨닫는 사람도 없고, 하나님을 찾는 사람도 없다."

이사야 53:6

우리는 모두 양처럼 길을 잃고, 각기 제 갈 길로 흩어졌으나, 주님께서 우리 모두의 죄악을 그에게 지우셨다.

2. 죄의 결과

이사야 59:2

오직, 너희 죄악이 너희와 너희의 하나님 사이를 갈라놓았고, 너희의 죄 때문에 주님께서 너희에게서 얼굴을 돌리셔서, 너희의 말을 듣지 않으실 뿐이다.

히브리서 9:27

사람이 한 번 죽는 것은 정해진 일이요, 그 뒤에는 심판이 있습니다.

3. 하나님의 해결책

베드로전서 2:24

그는 우리 죄를 자기의 몸에 몸소 지시고서, 나무에 달리셨습니다. 그것은, 우리가 죄에는 죽고 의에는 살게 하시려는 것이었습니다. 그가 매를 맞아 상함으로 여러분이 나음을 얻었습니다.

요한복음 3:16

하나님께서 세상을 이처럼 사랑하셔서 외아들을 주셨으니, 이는 그를 믿는 사람마다 멸망하지 않고 영생을 얻게 하려는 것이다.

4. 믿음으로 얻는 구원

요한복음 5:24

내가 진정으로 진정으로 너희에게 말한다. 내 말을 듣고 또 나를 보내신 분을 믿는 사람은, 영원한 생명을 가지고 있고 심판을 받지 않는다. 그는 죽음에서 생명으로 옮겨갔다.

에베소서 2:8-9

여러분은 믿음을 통하여 은혜로 구원을 얻었습니다. 이것은 여러분에게서 난 것이 아니요, 하나님의 선물입니다. 행위에서 난 것이 아닙니다. 그러므로 아무도 자랑할 수 없습니다.

5. 예수님을 영접해야 함

요한복음 1:12

그러나 그를 맞아들인 사람들, 곧 그 이름을 믿는 사람들에게는, 하나님의 자녀가 되는 특권을 주셨다.

요한계시록 3:20

보아라, 내가 문밖에 서서, 문을 두드리고 있다. 누구든지 내 음성을 듣고 문을 열면, 나는 그에게로 들어가서 그와 함께 먹고, 그는 나와 함께 먹을 것이다.

6. 구원의 확신

요한일서 5:11-12

그 증언은 이것이니, 곧 하나님이 우리에게 영원한 생명을 주셨다는 것과, 바로 이 생명은 그 아들 안에 있다는 것입니다. 그 아들을 모시고 있는 사람은 생명을 가지고 있고, 하나님의 아들을 모시고 있지 않은 사람은 생명을 가지고 있지 않습니다.

고린도후서 5:17

누구든지 그리스도 안에 있으면, 그는 새로운 피조물입니다. 옛것은 지나갔습니다. 보십시오, 새것이 되었습니다.

《생명의 삶》암송 성구 암송 방법 

1. 매주 한 구절씩 암송하는 것보다 한 번에 충분한 시간을 내어 여섯 구절 혹은 열두 구절을 암송한 후에, 자주 복습하는 것이 더 쉽고 효과적입니다.

2. 먼저 제목 여섯 개를 암송하여 전체 흐름과 내용을 이해한 후에 각 제목에 해당되는 암송 성구를 더해 가며 암송하면 좋습니다.

3. 인터넷에 다양한 암송 방법이 소개되어 있습니다. 본인에게 가장 잘 맞는 방법을 찾아서 암송해 보십시오. '하니비'(HoneyBee) 암송법을 추천합니다. '성경 암송 방법', '성경 암송 비법' 등을 검색해 보십시오.

4. 경쾌한 디스코 스타일로 즐길 수 있습니다.《생명의 삶》암송 성구 열두 구절로 만들어진 노래도 있습니다. 암송을 돕는 도구로 한번 사용해 보십시오.

《생명의 삶》 주제가

주님여 이 손을

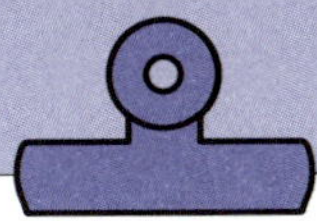

자기소개서

다음 사항을 적어서 자기소개 시간에 1, 5, 6번 내용만 짧게 발표합니다. 다 작성한 후에 사진을 찍어서 강사에게 제출합니다.

1. 이름: 소속 목장:

2. 세례(침례)를 받았습니까? (예 / 아니요)

3. 세례(침례)를 받았다면 언제, 어디서, 누구에게 받았습니까?

   • 언제 (   ) _______________

   • 어디서 (   ) _______________

   • 누구에게 (   ) _______________

4. 만일 내가 오늘 죽는다면 천국에 들어갈 확신이 있습니까?

   예 ______ / 아니요 ______ / 잘 모르겠습니다 ______

5. 《생명의 삶》을 수강하게 된 동기는 무엇입니까?

6. 《생명의 삶》을 통해서 얻기 원하는 것은 무엇입니까? (이 기도 제목을 가지고 강사

   가 13주 동안 기도해 드립니다.)

서 약 서

나는 13주 동안 《생명의 삶》 공부에 빠지지 않고 성실히 참석하며
주어진 숙제를 잘 이행하기 위해서 노력할 것을 다짐합니다.

20______년 ______월 ______일

이름: (서명)

신앙생활에서 가장 중요한 것

신앙생활에는 어떤 활동들이 있습니까? 그 활동들 가운데서 가장 중요한 것이 무엇이라고 느낍니까? 우리가 겪는 갈등 중에 많은 부분이 가장 중요하다고 느끼는 것의 차이에서 옵니다. 신앙생활에서 가장 중요한 것은 우리 신앙생활의 목표점과 같은 것입니다. 목표점이 분명하지 않으면 기쁨은 사라지고 공허함과 피곤함이 밀려오기 쉽습니다. 여러분에게는 그것이 무엇입니까? 예수님은 신앙생활에서 가장 중요한 것이 무엇이라고 말씀하실까요?

1. 마태복음 22:34-40

34 바리새파 사람들이, 예수가 사두개파 사람들의 말문을 막아 버리셨다는 소문을 듣고, 한자리에 모였다.

35 그리고 그들 가운데 [3]율법 교사 하나가 예수를 시험하여 물었다.

36 "선생님, 율법 가운데 어느 계명이 중요합니까?"

37 예수께서 그에게 말씀하셨다. "[4]'네 마음을 다하고, 네 목숨을 다하고, 네 뜻을 다하여, 주 너의 하나님을 ☐☐하여라' 하였으니,

38 이것이 ☐☐ ☐☐하고 으뜸가는 계명이다.

39 둘째 계명도 □□□ □□□, 5)‘네 이웃을 네 몸과 같
  이 □□하여라’ 한 것이다.

40 이 두 계명에 온 율법과 예언서의 □ □이 달려 있다.”

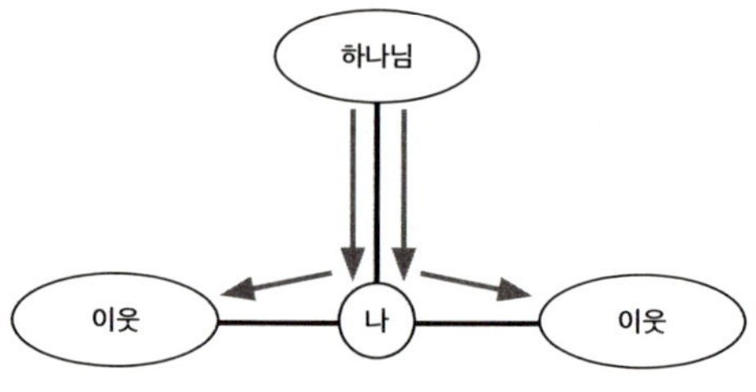

2. 베드로전서 1:16

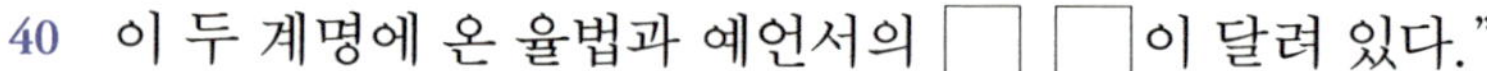

16 성경에 기록하기를 “□□ 거룩하니 □□□ 거룩하여
  라” 하였습니다.

3. 신명기 4:24

24 주 당신들의 하나님은 삼키는 불이시며, □□하는 하나
  님이십니다.

1주

가장 기억에 남는 것과 결심을 적어 보십시오.

1과

죄와
하나님의 해결책

'죄'라는 단어는 별로 인기가 없습니다. 우리 마음을 거북하고 불편하게 합니다. 그런데 기독교는 왜 항상 '죄'를 먼저 다룰까요? 문제의 원인을 제대로 진단해야 제대로 된 처방을 할 수 있기 때문입니다. 성경이 말하고 있는 죄의 본질은 무엇이며, 그 영향력은 무엇일까요? 다음 성경 구절들을 통해서 한번 생각해 봅시다.

1. 요한일서 3:4

4 죄를 짓는 사람마다 ☐☐을 행하는 사람입니다. 죄는 곧
☐☐입니다.
Everyone who sins breaks the law; in fact, <u>sin is
lawlessness.</u> (NIV)

2. 야고보서 4:17(13-17)

13 "오늘이나 내일 어느 도시에 가서, 일 년 동안 거기에서 지
내며, 장사하여 돈을 벌겠다" 하는 사람들이여, 들으십시오.

14 여러분은 ☐☐ 일을 알지 못합니다. 여러분의 생명이 무
엇입니까? 여러분은 잠깐 나타났다가 사라져 버리는 안개
에 지나지 않습니다.

15 도리어 여러분은 이렇게 말해야 할 것입니다. "주님께서 원
하시면, 우리가 살 것이고, 또 이런 일이나 저런 일을 할 것
이다."

16 그런데 여러분은 지금 우쭐대면서 ☐☐하고 있습니다.
☐☐ ☐☐ 자랑은 다 악한 것입니다.

17 ☐☐☐☐ 사람이 해야 할 선한 일이 무엇인지 ☐☐☐
☐ 하지 않으면, 그것은 그에게 죄가 됩니다.
If anyone, then, knows the good they ought to do and
doesn't do it, <u>it is sin</u> for them. (NIV)

3. 로마서 14:23

23 □□을 하면서 먹는 사람은 이미 단죄를 받은 것입니다. 그것은 믿음에 근거해서 한 것이 아니기 때문입니다. □□에 근거하지 않는 것은 다 죄입니다.
But whoever has doubts is condemned if they eat, because their eating is not from faith; and everything that does not come from faith is sin. (NIV)

- '죄'의 문제에 대한 해결책을 이야기하기 전에 죄의 결과가 무엇인지를 먼저 알아야 합니다. 성경이 말하고 있는 죄의 결과는 무엇일까요? 그리고 거기에 대한 하나님의 해결책과 그 안에 담긴 하나님의 사랑을 살펴봅시다.

4. 이사야 59:1-2

1 주님의 손이 □□□ 구원하지 못하시는 것도 아니고, 주님의 귀가 어두워서 듣지 못하시는 것도 아니다.
2 오직, 너희 죄악이 너희와 너희의 하나님 사이를 □□□□□, 너희의 죄 때문에 주님께서 너희에게서 얼굴을 돌리셔서, 너희의 말을 듣지 않으실 뿐이다.

탐욕
탐식
교만
정욕
시기
분노
나태
죄

5. 로마서 1:28-32

28 사람들이 하나님을 인정하기를 □□하므로, 하나님께서
   는 사람들을 타락한 마음 자리에 □□□ 두서서, 해서는
   안 될 일을 하도록 놓아 두셨습니다.

29 사람들은 온갖 불의와 악행과 탐욕과 악의로 가득 차 있으
   며, 시기와 살의와 분쟁과 사기와 적의로 가득 차 있으며,
   수군거리는 자요,

30 중상하는 자요, 하나님을 미워하는 자요, 불손한 자요, 오
   만한 자요, 자랑하는 자요, 악을 꾸미는 모략꾼이요, 부모
   를 거역하는 자요,

31 우매한 자요, 신의가 없는 자요, 무정한 자요, 무자비한 자
   입니다.

32 그들은, 이와 같은 일을 하는 자들은 죽어야 마땅하다는 하
   나님의 공정한 법도를 □□□□□, 자기들만 이런 일을
   하는 것이 아니라, 이런 일을 저지르는 사람을 □□하기
   까지 합니다.

6. 창세기 3:15

15 내가 너로 여자와 원수가 되게 하고, 너의 자손을 여자의 자
   손과 원수가 되게 하겠다. 여자의 자손은 너의 □□를 상하
   게 하고, 너는 여자의 자손의 □□□를 상하게 할 것이다.

7. 이사야 53:6(1-9)

1 우리가 들은 것을 누가 믿었느냐? 주님의 능력이 누구에
게 나타났느냐?

2 그는 주님 앞에서, 마치 연한 순과 같이, 마른 땅에서 나
온 싹과 같이 자라서, 그에게는 고운 모양도 없고, 훌륭한
풍채도 없으니, 우리가 보기에 흠모할 만한 아름다운 모
습이 없다.

3 그는 사람들에게 멸시를 받고, 버림을 받고, 고통을 많이
겪었다. 그는 언제나 병을 앓고 있었다. 사람들이 그에게
서 얼굴을 돌렸고, 그가 멸시를 받으니, 우리도 덩달아 그
를 귀하게 여기지 않았다.

4 그는 실로 우리가 받아야 할 고통을 ☐☐ 받고, 우리가
겪어야 할 슬픔을 ☐☐ 겪었다. 그러나 우리는, 그가 징
벌을 받아서 하나님에게 맞으며, 고난을 받는다고 생각하
였다.

5 그러나 그가 찔린 것은 우리의 허물 때문이고, 그가 상처
를 받은 것은 우리의 죄악 때문이다. 그가 징계를 받음으
로써 우리가 평화를 누리고, 그가 매를 맞음으로써 우리
의 병이 나았다.

6 우리는 ☐☐ 양처럼 길을 잃고, ☐☐ ☐ ☐ ☐로 흩
어졌으나, 주님께서 우리 모두의 죄악을 그에게 지우셨다.

7 그는 굴욕을 당하고 고문을 당하였으나, 아무 말도 하지
않았다. 마치 도살장으로 끌려가는 어린양처럼, 마치 털
깎는 사람 앞에서 잠잠한 암양처럼, 끌려가기만 할 뿐, 아

무 말도 하지 않았다.

8 그가 체포되어 유죄판결을 받았지만 그 세대 사람들 가운
데서 어느 누가, 그가 사람 사는 땅에서 격리된 것을 보고
서, 그것이 바로 형벌을 받아야 할 내 백성의 허물 때문이
라고 생각하였느냐?

9 그는 폭력을 휘두르지도 않았고, 거짓말도 하지 않았지
만, 사람들은 그에게 악한 사람과 함께 묻힐 무덤을 주었
고, 죽어서 부자와 함께 들어가게 하였다.

8. 로마서 5:8

8 그러나 우리가 아직 □□이었을 때에, 그리스도께서 우
리를 위하여 죽으셨습니다. 이리하여 하나님께서는 우리
들에 대한 자기의 □□을 실증하셨습니다.

34

가장 기억에 남는 것과 결심을 적어 보십시오.

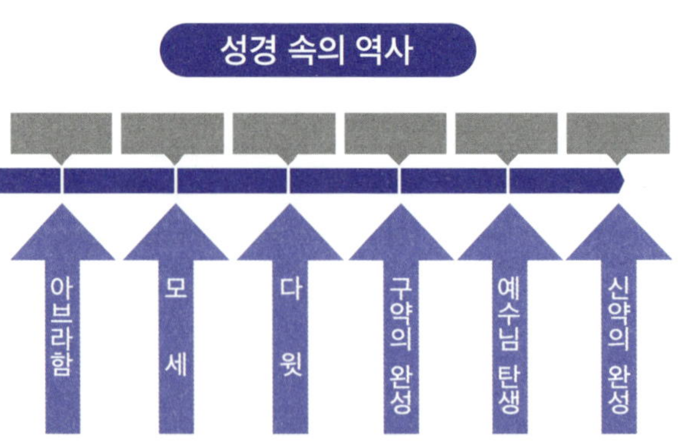

2과

회개와 믿음

'회개'라는 단어는 감정적인 것으로 오해되는 경우가 많습니다. 그리고 '회개'와 '후회'의 차이도 모호합니다. 성경이 말해 주고 있는 회개는 무엇일까요? 회개에 대해서 생각해 보기 전에 기독교가 말하는 '구원'이 무엇인지가 먼저 선명해져야 합니다. 그래서 구원이 무엇인지 먼저 살펴보고, 그 구원을 얻는 길로서의 올바른 회개에 대해서 함께 생각해 봅시다.

1. 에베소서 2:8-9

8 여러분은 ☐☐을 통하여 ☐☐로 ☐☐을 얻었습니다. 이
  것은 여러분에게서 난 것이 아니요, 하나님의 ☐☐입니다.
9 ☐☐에서 난 것이 아닙니다. 그러므로 아무도 자랑할 수 없
  습니다.

2. 요한일서 1:9(5-9)

5 우리가 그리스도에게서 들어서 여러분에게 전하는 소식은
  이것이니, 곧 하나님은 ☐이시요, 하나님 안에는 어둠이 전
  혀 없다는 것입니다.
6 우리가 하나님과 사귀고 있다고 말하면서, 그대로 어둠 속에
  서 살아가면, 우리는 거짓말을 하는 것이요, 진리를 행하지
  않는 것입니다.
7 그러나 하나님께서 빛 가운데 계신 것과 같이, 우리가 빛 가운
  데 살아가면, 우리는 서로 사귐을 가지게 되고, 하나님의 아들
  예수의 피가 우리를 모든 죄에서 깨끗하게 해 주십니다.
8 우리가 죄가 없다고 말하면, 우리는 자기를 ☐☐☐ 것이
  요, 진리가 우리 속에 없는 것입니다.
9 우리가 우리 죄를 ☐☐하면, 하나님은 ☐☐하시고 의로
  우신 분이셔서, 우리 죄를 용서하시고, 모든 불의에서 우리
  를 깨끗하게 해 주실 것입니다.

If we <u>confess</u> our sins, he is faithful and just and will forgive
us our sins and purify us from all unrighteousness. (NIV)

3. 히브리서 8:8, 12

8 그런데 하나님께서는 자기 백성을 나무라시면서 이렇게 말
씀하셨습니다. ³⁾"주님께서 말씀하신다. '보아라, 날이 이를
것이다. 그때에 내가 이스라엘 집과 유다 집과 더불어 새 ☐
☐을 맺을 것이다.

12 내가 그들의 불의함을 긍휼히 여기겠고, 더 이상 그들의 죄
를 ☐☐☐☐ 않겠다.'"

4. 예레미야 31:31-34

31 "☐ ☐가 오면, 내가 이스라엘 가문과 유다 가문에 새 ☐
☐을 세우겠다. 나 주의 말이다.

32 이것은 내가 그들의 조상의 손을 붙잡고 이집트 땅에서 데
리고 나오던 때에 세운 언약과는 다른 것이다. 내가 그들의
☐☐이 되었어도, 그들은 나의 언약을 깨뜨려 버렸다. 나
주의 말이다.

33 그러나 그 시절이 지난 뒤에, 내가 이스라엘 가문과 언약을
세울 것이니, 나는 나의 율법을 그들의 ☐☐ 속에 넣어 주
며, 그들의 ☐☐ 판에 새겨 기록하여, 나는 그들의 하나님
이 되고, 그들은 나의 백성이 될 것이다. 나 주의 말이다.

34 그때에는 이웃이나 동포끼리 서로 '너는 주님을 ☐☐☐'
하지 않을 것이니, 이것은 작은 사람으로부터 큰 사람에 이
르기까지, 그들이 모두 나를 알 것이기 때문이다. 내가 그
들의 허물을 용서하고, 그들의 죄를 다시는 ☐☐☐☐

않겠다. 나 주의 말이다.”

5. 누가복음 3:8

8 회개에 알맞는 ☐☐를 맺어라. 너희는 속으로 ‘아브라함
은 우리의 조상이다’ 하고 말하지 말아라. 내가 너희에게 말
한다. 하나님께서는 이 돌들로도 아브라함의 자손을 만드실
수 있다.

○ “믿음으로 구원을 얻는다”는 말을 종종 듣습니다. 그런데 그
믿음이 무엇일까요? 믿음은 여러 가지 뜻이 있고 믿음의 종
류도 다양합니다. 성경이 말하는 구원을 얻는 믿음은 무엇이
며, 그 결과로 얻는 구원은 또 무엇일까요?

6. 요한복음 1:12-13

12 그러나 그를 맞아들인 사람들, ☐ 그 이름을 ☐☐ 사람들
에게는, 하나님의 ☐☐가 되는 특권을 주셨다.
13 이들은 ☐☐에서나, ☐☐에서나, ☐☐☐ ☐에서 나
지 아니하고, 하나님에게서 났다.
who were born, not of blood, nor of the will of the
flesh, nor of the will of man, but of God. (NKJV)

7. 요한계시록 3:20

20 보아라, ☐☐ 문밖에 서서, 문을 ☐☐☐☐ 있다. 누구
든지 내 음성을 듣고 ☐☐ 열면, 나는 그에게로 들어가서
그와 ☐☐ ☐☐, 그는 나와 함께 먹을 것이다.

8. 로마서 10:9

9 당신이 만일 ☐☐는 ☐☐이라고 ☐으로 ☐☐하고, 하
나님께서 그를 죽은 사람들 가운데서 살리신 것을 ☐☐으
로 믿으면 구원을 얻을 것입니다.

가장 기억에 남는 것과 결심을 적어 보십시오.

____

____

____

____

____

____

야곱의 열두 아들과 후손

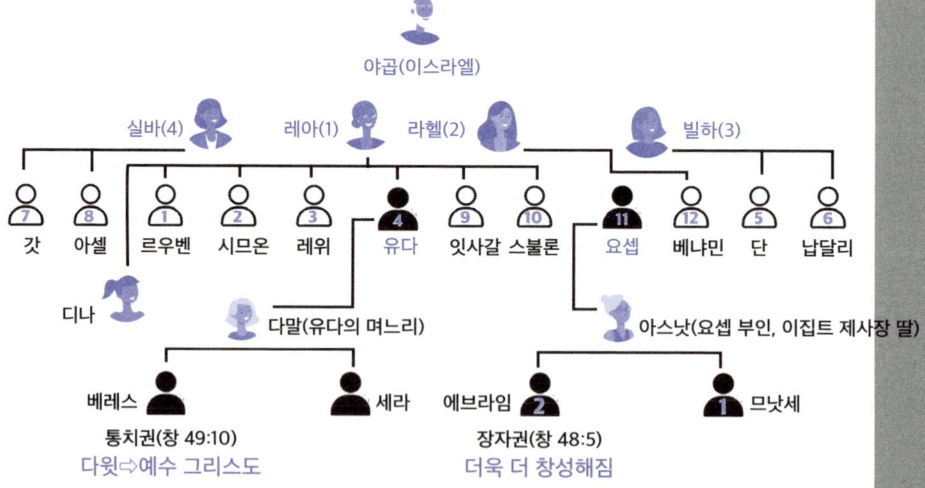

3과

중생과 확신

불교에서 '중생'은 번뇌에 얽매여 생사를 초월하지 못하는 생명이 있는 모든 사람을 의미합니다. 그러나 기독교의 '중생'은 다시 태어나는 것(born again)을 말합니다. 내가 내 힘과 노력으로 태어나지 않은 것처럼, 영적으로 다시 태어나는 것도 나의 힘과 노력으로 되는 것이 아닙니다. 우리는 언제 어떻게 다시 태어나게 되며, 다시 태어날 때 우리에게는 어떤 일이 일어날까요?

1. 요한복음 3:1-8

1 바리새파 사람 가운데 니고데모라는 사람이 있었다. 그는 유대 사람의 한 지도자였다.

2 이 사람이 ☐☐ 예수께 와서 말하였다. "랍비님, 우리는, 선생님이 하나님께로부터 오신 분임을 압니다. 하나님께서 함께하지 않으시면, 선생님께서 행하시는 그런 표징들을, 아무도 행할 수 없습니다."

3 예수께서 그에게 말씀하셨다. "내가 진정으로 진정으로 너에게 말한다. 누구든지 ☐☐ ☐☐ 않으면, 하나님 나라를 볼 수 없다."

4 니고데모가 예수께 말하였다. "사람이 늙었는데, 그가 어떻게 태어날 수 있겠습니까? 어머니 배 속에 다시 들어갔다가 태어날 수야 없지 않습니까?"

5 예수께서 대답하셨다. "내가 진정으로 진정으로 너에게 말한다. 누구든지 ☐과 ☐☐으로 나지 아니하면, 하나님 나라에 들어갈 수 없다.

6 육에서 난 것은 ☐이요, 영에서 난 것은 ☐이다.

7 너희가 ☐☐ ☐☐☐☐ 한다고 내가 말한 것을, 너는 이상히 여기지 말아라.

8 바람은 불고 싶은 대로 분다. 너는 그 소리는 듣지만, 어디에서 와서 어디로 가는지는 모른다. 성령으로 태어난 사람은 다 이와 같다."

2. 고린도후서 5:17(16-18)

16 그러므로 이제부터 우리는 아무도 ☐☐의 잣대로 알려고
하지 않습니다. 전에는 우리가 육신의 잣대로 그리스도를
알았지만, 이제는 그렇지 않습니다.

17 누구든지 그리스도 안에 있으면, 그는 ☐☐☐ 피조물입
니다. 옛것은 지나갔습니다. ☐☐☐☐, 새것이 되었습
니다.

18 이 모든 것은 하나님에게서 났습니다. 하나님께서는 그리
스도를 내세우셔서, 우리를 자기와 화해하게 하시고, 또 우
리에게 화해의 직분을 맡겨 주셨습니다.

○ 구원의 확신이 없으면 구원받지 못한 것일까요? 구원의 확신
이 있다면 다 구원받은 것일까요? 정말 우리는 구원에 대한
확신을 가질 수 있는 것일까요? 만약 구원의 확신이 있는데
구원받지 못한 사람이 있다면 그 사람처럼 불쌍한 사람이 어
디에 있을까요? 이처럼 위험할 수도 있는 구원의 확신이 신
앙생활에 정말 필요한 것일까요? 구원의 확신은 무엇이며,
무엇을 위해서, 왜 필요한 것일까요?

3. 요한일서 5:13(11-15)

11 그 증언은 이것이니, 곧 하나님이 우리에게 영원한 생명을
☐☐☐는 것과, 바로 이 생명은 그 아들 ☐☐ 있다는

것입니다.

12 그 아들을 모시고 있는 사람은 생명을 가지고 있고, 하나님
의 아들을 모시고 있지 않은 사람은 생명을 가지고 있지 않
습니다.

13 나는 □□□□ □□□ □□□ □□ □□□인
여러분에게 이 글을 씁니다. 그것은 여러분이 영원한 생명
을 가지고 있다는 것을 □□ 하려는 것입니다.

14 우리가 하나님에 대하여 가지는 담대함은 이것이니, 곧 무
엇이든지 우리가 하나님의 뜻을 따라 구하면, 하나님은 우
리의 청을 들어주신다는 것입니다.

15 우리가 무엇을 구하든지 하나님이 우리의 청을 들어주신다
는 것을 알면, 우리가 하나님께 구한 것들은 우리가 받는다
는 것도 압니다.

4. 요한복음 5:24

24 내가 진정으로 진정으로 너희에게 말한다. 내 말을 □□
또 나를 보내신 분을 □□ 사람은, 영원한 생명을 가지고
있고 심판을 받지 않는다. 그는 죽음에서 생명으로 □□
□□.

Very truly I tell you, whoever hears my word and
believes him who sent me has eternal life and will not
be judged but has crossed over from death to life. (NIV)

5. 요한복음 10:28

28 나는 그들에게 영생을 준다. 그들은 □□□□ 멸망하지
아니할 것이요, 또 □□□ 그들을 내 손에서 빼앗아 가지
못할 것이다.

6. 빌립보서 2:12

12 그러므로, 사랑하는 여러분, 여러분이 언제나 순종한 것처
럼, 내가 함께 있을 때뿐만 아니라, 지금과 같이 내가 없을
때에도 더욱더 순종하여서, 두렵고 떨리는 마음으로 자기
의 구원을 □□□ 나가십시오.

7. 로마서 13:11

11 여러분은 지금이 어느 때인지 압니다. 잠에서 깨어나야 할
때가 벌써 되었습니다. 지금은 우리의 구원이 우리가 처음
믿을 때보다 더 □□□졌습니다.

8. 데살로니가전서 5:23

23 평화의 하나님께서 친히, 여러분을 완전히 거룩하게 해 주
시고, 우리 주 예수 그리스도께서 오실 때에 여러분의 □

과 □과 □을 흠이 없이 완전하게 지켜 주시기를 빕니다.

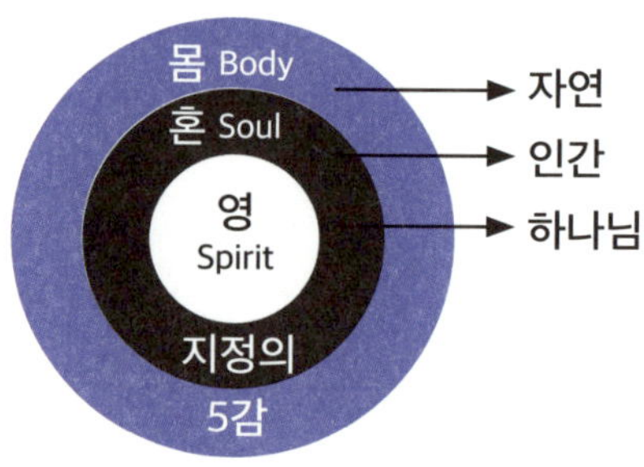

9. 창세기 3:8, 3:12, 5:5

3:8 그 남자와 그 아내는, 날이 저물고 바람이 서늘할 때에, 주 하나님이 동산을 거니시는 소리를 들었다. 남자와 그 아내는 주 하나님의 낯을 □□□□, 동산 나무 사이에 숨었다.

3:12 그 남자는 핑계를 대었다. "하나님께서 저와 함께 살라고 짝지어 주신 여자, □ □□가 그 나무의 열매를 저에게 주기에, 제가 그것을 먹었습니다."

5:5 아담은 모두 구백삼십 년을 살고 □□□□.

가장 기억에 남는 것과 결심을 적어 보십시오.

감사합니다
용서해 주세요
도와주세요
복 주세요
하나님

아멘

예수님 이름으로 기도합니다

가장 기억에 남는 것과 결심을 적어 보십시오.

4과

거룩한 삶과 믿음의 성장

그리스도인은 거룩하게 살아야 합니다. 그런데 '거룩'이라는 단어를 들으면 어떤 느낌이 듭니까? 거룩해지고 싶습니까? '거룩한 사람' 하면 누가 생각납니까? 그 '거룩한 사람'과 가까이하고 싶습니까? 아니면 함께하기가 부담스럽습니까? 성경이 말하고 있는 진정한 거룩이란 무엇일까요?

1. 베드로전서 1:15-16

15 여러분을 불러 주신 그 거룩하신 분을 따라 모든 행실을 거
   룩하게 하십시오.
16 성경에 기록하기를 "내가 ⬜⬜⬜⬜ 너희도 ⬜⬜하여
   라" 하였습니다.

2. 빌립보서 2:12-13

12 그러므로, 사랑하는 여러분, 여러분이 언제나 순종한 것처
   럼, 내가 함께 있을 때뿐만 아니라, 지금과 같이 내가 없을
   때에도 더욱더 순종하여서, 두렵고 떨리는 마음으로 자기
   의 ⬜⬜을 이루어 나가십시오.
13 하나님은 여러분 ⬜⬜⬜ 활동하셔서, 여러분으로 하여금
   하나님을 기쁘게 해 드릴 것을 ⬜⬜하게 하시고 ⬜⬜하
   게 하시는 분입니다.

Therefore, my dear friends, as you have always
obeyed—not only in my presence, but now much more
in my absence—continue to <u>work out</u> your salvation
with fear and trembling, for it is God who <u>works in</u> you
to will and to act in order to fulfill his good purpose.
(NIV)

Ralph Kozak, 1976. Laughing Jesus, 그림,
빠넴 블로그, https://blog.naver.com/panem/70019827381
2007. 7. 18.

3. 갈라디아서 2:20

20 나는 그리스도와 함께 십자가에 못 박혔습니다. 이제 살고 있는 것은 □가 아닙니다. □□□□께서 내 □□□ 살고 계십니다. 내가 지금 육신 안에서 살고 있는 삶은, 나를 사랑하셔서 나를 위하여 자기 몸을 내어 주신 하나님의 아들을 믿는 믿음 안에서 살아가는 것입니다.

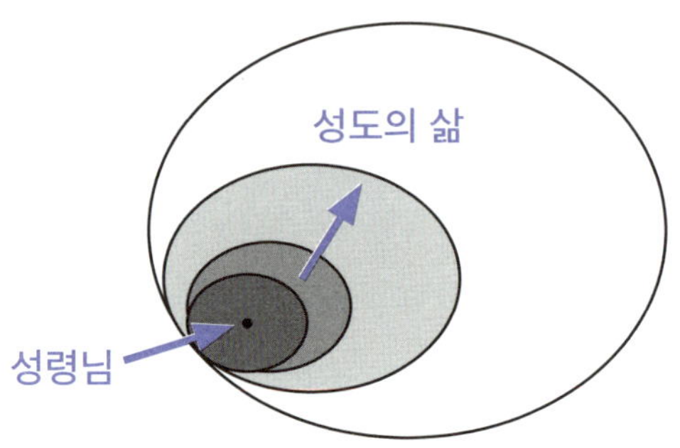

○ 신자들은 누구나 믿음이 성장하기를 소망합니다. 그러나 믿음이 성장한다는 것이 무엇을 의미하는지 모르기 때문에, 믿음의 성장을 위해서 무엇을 해야 하는지도 알지 못합니다. 성경이 말하는 진정한 믿음의 성장은 무엇일까요? 나는 믿음이 얼마나 성장한 사람일까요?

4. 고린도전서 3:1-3

1 형제자매 여러분, 나는 여러분에게 영에 속한 사람에게 하

듯이 말할 수 없고, 육에 속한 사람, 곧 그리스도 안에서 ☐
☐☐☐ 같은 사람에게 말하듯이 하였습니다.

2 나는 여러분에게 젖을 먹였을 뿐, 단단한 음식을 먹이지 않았
습니다. 그때에는 여러분이 단단한 음식을 감당할 수 없었습
니다. 사실 지금도 여러분은 그것을 감당할 수 없습니다.

3 여러분은 ☐☐☐ 육에 속한 사람들입니다. 여러분 가운
데에서 ☐☐와 ☐☐이 있으니, 여러분은 육에 속한 사
람이고, 인간의 방식대로 살고 있는 것이 아닙니까?

5. 고린도전서 1:4-7

4 나는 여러분이 그리스도 예수 안에서 받은 하나님의 은혜를
생각하고, 여러분의 일로 언제나 하나님께 감사를 드립니다.

5 여러분은 그리스도 안에서 ☐☐ 면에 풍족하게 되었습니
다. 곧 온갖 ☐☐과 온갖 ☐☐이 늘었습니다.

6 그리스도에 관한 ☐☐이 여러분 가운데서 이렇게도 튼튼
하게 자리 잡았습니다.

7 그리하여 여러분은 어떠한 ☐☐에도 부족한 것이 없으며
우리 주 예수 그리스도의 ☐☐☐☐을 기다리고 있습니
다.

6. 빌립보서 2:5-9

5 여러분 안에 이 마음을 품으십시오. 그것은 곧 그리스도 예

수의 ☐☐이기도 합니다.

6 그는 하나님의 모습을 지니셨으나, 하나님과 ☐☐☐을 당연하게 생각하지 않으시고,

7 오히려 자기를 비워서 종의 모습을 취하시고, ☐☐과 같이 되셨습니다. 그는 사람의 모양으로 나타나셔서,

8 자기를 낮추시고, 죽기까지 ☐☐하셨으니, 곧 십자가에 죽기까지 하셨습니다.

9 그러므로 하나님께서는 그를 지극히 높이시고, 모든 이름 위에 뛰어난 이름을 그에게 주셨습니다.

1) 에베소서 6:1

1 자녀 된 이 여러분, [주 안에서] 여러분의 부모에게 ☐☐하십시오. 이것이 옳은 일입니다.

2) 에베소서 5:22

22 아내 된 이 여러분, 남편에게 하기를 ☐☐께 ☐☐ 하십시오.

3) 베드로전서 2:18

18 하인으로 있는 여러분, 극히 두려운 마음으로 주인에게 ☐☐하십시오. 선량하고 너그러운 주인에게만 아니라, 까다로운 주인에게도 그리하십시오.

4) 히브리서 13:17

17 여러분의 지도자들의 말을 곧이듣고, 그들에게 ☐☐하십시오. 그들은 여러분의 영혼을 지키는 사람들이요, 이 일을

장차 하나님께 보고드릴 사람들입니다. 그러므로 여러분은 그들이 기쁜 마음으로 이 일을 하게 하고, 탄식하면서 하지 않게 해 주십시오. 그들이 탄식하면서 일하는 것은 여러분에게 유익이 되지 못합니다.

5) 로마서 13:1

1 사람은 누구나 위에 있는 권세에 ☐☐해야 합니다. 모든 권세는 하나님께로부터 온 것이며, 이미 있는 권세들도 하나님께서 세워 주신 것입니다.

7. 마태복음 20:28(25-28)

25 예수께서는 그들을 곁에 불러 놓고 말씀하셨다. "너희가 아는 대로, 이방 민족들의 통치자들은 백성을 마구 내리누르고, 고관들은 백성에게 세도를 부린다.

26 그러나 너희끼리는 그렇게 해서는 안 된다. 너희 가운데서 위대하게 되고자 하는 사람은 누구든지 너희를 ☐☐☐ 사람이 되어야 하고,

27 너희 가운데서 으뜸이 되고자 하는 사람은 너희의 ☐이 되어야 한다.

28 인자는 섬김을 받으러 온 것이 아니라 ☐☐☐ 왔으며, 많은 사람을 위하여 자기 목숨을 몸값으로 치러 주려고 왔다."

12 나는 이것을 이미 얻은 것도 아니며, 이미 목표점에 다다른 것도 ☐☐☐☐. 그리스도 [예수]께서 나를 사로잡으셨으므로, 나는 그것을 붙들려고 좇아가고 있습니다.

13 형제자매 여러분, 나는 아직 그것을 붙들었다고 생각하지 않습니다. 내가 하는 일은 오직 한 가지입니다. 뒤에 있는 것은 ☐☐☐☐☐, 앞에 있는 것을 향하여 몸을 내밀면서,

14 그리스도 예수 안에서, 하나님께서 위로부터 부르신 그 부르심의 상을 받으려고, ☐☐☐☐을 바라보고 달려가고 있습니다.

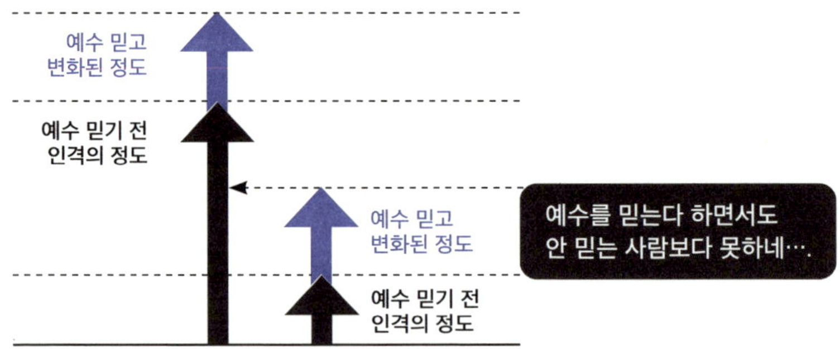

가장 기억에 남는 것과 결심을 적어 보십시오.

5과

성경과 하나님

성경은 참 신비로운 책입니다. 무려 1,600년이라는 긴 세월에 걸쳐서, 40여 명의 사람들이 기록한 책들을 묶어 놓았는데, '하나님의 말씀'이라고 불립니다. 성경은 성경이 어떤 책이라고 말해 주고 있는지 먼저 살펴보고, 신구약 성경 전체의 구조와 특징을 간략하게 한번 살펴봅시다.

1. 베드로후서 1:21

21 예언은 언제든지 사람의 뜻에서 나온 것이 아니라, ☐☐들이 성령에 이끌려서 ☐☐☐께로부터 오는 말씀을 받아서 한 것입니다.

2. 디모데후서 3:16(15-17)

15 그대는 어려서부터 성경을 알고 있습니다. 성경은 그리스도 예수를 믿는 믿음으로 말미암아 그대에게 ☐☐에 이르는 지혜를 줄 수 있습니다.

16 ☐☐ 성경은 하나님의 영감으로 된 것으로서 교훈과 책망과 바르게 함과 의로 교육하기에 ☐☐합니다.

17 성경은 하나님의 사람을 유능하게 하고, 그에게 온갖 선한 일을 할 수 있게 하는 것입니다.

3. 성경은 구약 ☐☐권과 신약 ☐☐권을 합하여 총 66권의 책을 모아 놓은 것입니다. 성경의 제목들이 익숙해질 때까지 "성경 목록가"를 몇 차례 불러 봅시다.

성경목록가 501

<종교개혁 501 주년 수영로교회 기획>

Music by 윤주형

마태복음마가복 음 누가복음요한복 음
갈라디아에베소 서 빌립보서골로새 서
사도행전로마 서 고린도전후 서
데살로니가전후 서 디모데전후 서
디도서빌레몬 서 히브리서야고보 서
베드로전후 요한일이삼서 유다서요한계시 록
모든 성경은 하나님의감동으 로
교훈책망바른교육에 유익하니라

○ 하나님은 당신 자신을 증명하지 않으십니다. 하나님이 정말 창조주 하나님이시라면 저와 여러분에게 자신을 증명하실 필요가 없습니다. 창조주 하나님이 피조물인 인간의 이해를 초월하시는 것은 너무나 당연한 일입니다. 우리는 하나님이 당신 자신을 보여 주시는 만큼만 하나님을 알 수 있습니다. 성경이 보여 주는 하나님의 모습 가운데 몇 가지를 함께 살펴보고, 그것이 우리에게 무슨 의미가 있는지 생각해 봅시다.

4. 요한복음 4:24

24 하나님은 ☐이시다. 그러므로 하나님께 ☐☐를 드리는 사람은 영과 진리로 예배를 드려야 한다.
God is spirit, and his worshipers must worship in the Spirit and in truth. (NIV)

5. 요한일서 1:5(5-7)

5 우리가 그리스도에게서 들어서 여러분에게 전하는 소식은 이것이니, 곧 하나님은 ☐이시요, 하나님 안에는 어둠이 전혀 없다는 것입니다.
This is the message we have heard from him and declare to you: God is light; in him there is no darkness at all. (NIV)

6 우리가 하나님과 사귀고 있다고 말하면서, 그대로 □□ 속에서 살아가면, 우리는 거짓말을 하는 것이요, 진리를 행하지 않는 것입니다.

7 그러나 하나님께서 빛 가운데 계신 것과 같이, 우리가 빛 가운데 살아가면, 우리는 서로 □□을 가지게 되고, 하나님의 아들 예수의 피가 우리를 모든 죄에서 깨끗하게 해 주십니다.

6. 요한일서 4:8

8 사랑하지 않는 사람은 하나님을 알지 못합니다. 하나님은 □□이시기 때문입니다.
Whoever does not love does not know God, because God is love. (NIV)

하나님을 경험하는 기도 시간 안내(마가복음 6:1-6)

1 예수께서 거기를 떠나서 고향에 가시니, 제자들도 따라갔다.

2 안식일이 되어서, 예수께서 회당에서 가르치기 시작하셨다. 많은 사람이 듣고, 놀라서 말하였다. "이 사람이 어디에서 이런 모든 것을 얻었을까? 이 사람에게 있는 지혜는 어떤 것일까? 그가 어떻게 그 손으로 이런 기적들을 일으킬까?

3 이 사람은 ¹⁾마리아의 아들 목수가 아닌가? 그는 야고보와 요셉과 유다와 시몬의 형이 아닌가? 또 그의 누이들은 모두 우리와 같이 여기에 살고 있지 않은가?" 그러면서 그들은 예수를 ²⁾달갑지 않게 여겼다.

4 그래서 예수께서 그들에게 말씀하셨다. "예언자는 자기 고향과 자기 친척과 자기 집 밖에서는, 존경을 받지 않는 법이 없다."

5 예수께서는 다만 몇몇 병자에게 손을 얹어서 고쳐 주신 것밖에는, <u>거기서는 아무 기적도 행하실 수 없었다</u>.

6 그리고 그들이 믿지 않는 것에 놀라셨다.

가장 기억에 남는 것과 결심을 적어 보십시오.

6과

예수님과 성령님

어느 날 예수님이 제자들에게 "사람들이 나를 누구라 하느냐?"라고 물으셨습니다. 제자들이 여기저기서 들었던 답을 내놓자 예수님은 "너희는 나를 누구라 하느냐?"라고 다시 질문하셨습니다. 바로 이 질문에 무엇이라 대답하느냐에 따라 우리의 삶과 운명이 달라지게 됩니다. 예수님은 누구실까요? 나에게 예수님은 누구십니까?

1. 예수님을 부를 때 사용하는 단어들:
   나사렛, 주, 예수, 그리스도

2. 예수님의 인성

1) 마태복음 1:1-2

1 아브라함의 자손이요 다윗의 자손인 ☐☐ 그리스도의 계보는 이러하다.

2 아브라함은 이삭을 낳고, 이삭은 야곱을 낳고, 야곱은 ☐☐와 그의 형제들을 낳고,

2) 누가복음 2:4

4 요셉은 ☐☐ 가문의 자손이므로, 갈릴리의 나사렛 동네에서 유대에 있는 베들레헴이라는 다윗의 동네로,

3) 마태복음 2:1

1 헤롯왕 때에, 예수께서 유대 ☐☐☐☐☐에서 나셨다. 그런데 동방으로부터 박사들이 예루살렘에 와서

4) 마태복음 1:18

18 예수 그리스도의 태어나심은 이러하다. 그의 어머니 ☐☐☐가 ☐☐과 약혼하고 나서, 같이 살기 전에, 마리아가 성령으로 잉태한 사실이 드러났다.

5) 마태복음 2:23

23 □□□이라는 동네로 가서 살았다. 이리하여 예언자들을 시켜서 말씀하신 바, "그는 □□□ 사람이라고 불릴 것이다" 하신 말씀이 이루어졌다.

6) 마가복음 6:3

3 "이 사람은 1)마리아의 아들 □□가 아닌가? 그는 야고보와 요셉과 유다와 시몬의 형이 아닌가? 또 그의 누이들은 모두 우리와 같이 여기에 살고 있지 않은가?" 그러면서 그들은 예수를 2)달갑지 않게 여겼다.

7) 누가복음 3:23

23 예수께서 활동을 시작하실 때에, 그는 □□ 살쯤이었다. 그는 사람들이 생각하기로는 요셉의 아들이었다. 요셉은 엘리의 아들이요,

8) 요한복음 19:17

17 예수께서 십자가를 지시고 '해골'이라 하는 데로 가셨다. 그곳은 히브리 말로 □□□라고 하였다.

9) 사도행전 1:3

3 예수께서 고난을 받으신 뒤에, 자기가 살아 계심을 여러 가지 증거로 드러내셨습니다. 그는 □□ 일 동안 그들에게 여러 차례 나타나시고, □□□ □□에 관한 일들을 말씀하셨습니다.

10) 사도행전 1:12

12 그리고 나서 그들은 ☐☐☐ 산이라고 하는 산에서 예루살
렘으로 돌아왔다. 그 산은 예루살렘에서 가까워서, 안식일
에도 걸을 수 있는 거리에 있다.

3. 예수님의 신성

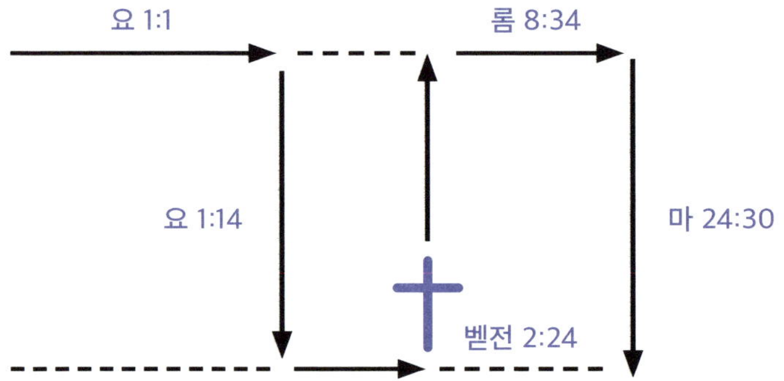

1) 요한복음 1:1

1 태초에 '☐☐'이 계셨다. 그 '말씀'은 하나님과 ☐☐ 계셨
다. 그 '말씀'은 ☐☐☐이셨다.

2) 요한복음 1:14

14 그 ☐☐은 ☐☐이 되어 우리 가운데 사셨다. 우리는 그
의 영광을 보았다. 그것은 아버지께서 주신, 외아들의 영광
이었다. 그는 은혜와 진리가 충만하였다.

3) 베드로전서 2:24

24 그는 우리 죄를 자기의 몸에 몸소 지시고서, 나무에 달리셨습니다. □□□, 우리가 죄에는 죽고 의에는 살게 하시려는 것이었습니다. 그가 매를 맞아 상함으로 여러분이 □□을 얻었습니다.

4) 로마서 8:34

34 누가 감히 그들을 정죄하겠습니까? 그리스도 예수는 죽으셨지만 오히려 살아나셔서 하나님의 □□□에 계시며, 우리를 위하여 □□ 간구하여 주십니다.

5) 마태복음 24:30

30 그때에 인자가 올 징조가 □□에서 나타날 터인데, 그때에는 땅에 있는 모든 민족이 가슴을 치며, 인자가 큰 권능과 영광에 싸여 하늘 구름을 타고 오는 것을 보게 될 것이다.

○ 예수님은 당신이 십자가에서 죽고 부활한 후 제자들을 떠나는 것이 제자들에게는 더 좋은 일이라고 말씀하셨습니다. 당신이 떠나야만 성령님이 오시기 때문이라고 설명하셨습니다. 성령님과 함께하는 것은 그토록 좋은 일입니다.

○ 오늘은 성령님과 관련된 네 가지 중요한 용어, 성령 세례(침례), 성령 충만, 성령의 은사, 성령의 열매의 의미와 그것이 나와 무슨 상관이 있는지를 이해해 봅시다. 또한 성령님을 경험으로 알게 되기를 기대하며 기다리게 되기를 바랍니다.

4. 에베소서 4:30(성령 세례)

30 하나님의 성령을 □□□ 하지 마십시오. 여러분은 성령 안에서 구속의 날을 위하여 □□□을 받았습니다.

5. 에베소서 5:18(성령 충만)

18 술에 □□□ 마십시오. 거기에는 방탕이 따릅니다. 성령의 □□□을 받으십시오.

6. 고린도전서 12:7(1, 7-11)(성령의 은사)

1 형제자매 여러분, 신령한 □□들에 대하여 여러분이 모르고 지내기를 나는 바라지 않습니다.

7 □ 사람에게 성령을 나타내 주시는 것은 □□ □□을 위한 것입니다.

8 어떤 사람에게는 성령을 통하여 □□□ □□을 주시고, 어떤 사람에게는 같은 성령을 따라 □□□ □□을 주십니다.

9 어떤 사람에게는 같은 성령으로 □□을 주시고, 어떤 사람에게는 같은 성령으로 병 □□□ 은사를 주십니다.

10 어떤 사람에게는 □□을 행하는 능력을 주시고, 어떤 사람에게는 □□하는 은사를 주시고, 어떤 사람에게는 영을 □□하는 은사를 주십니다. 어떤 사람에게는 여러 가지

　　　□□을 말하는 은사를 주시고, 어떤 사람에게는 그 방언을
　　　□□하는 은사를 주십니다.
11 이 모든 일은 한 분이신 같은 성령이 하시며, 그는 □□□
　　□ 대로 각 사람에게 은사를 나누어 주십니다.

7. 갈라디아서 5:22-23(성령의 열매)

22 그러나 성령의 □□는 사랑과 기쁨과 화평과 인내와 친절
　　과 선함과 신실과
23 온유와 절제입니다. 이런 것들을 막을 법이 없습니다.
　　But the <u>fruit</u> of the Spirit <u>is</u> love, joy, peace, forbearance,
　　kindness, goodness, faithfulness, gentleness and self-
　　control. Against such things there is no law. (NIV)

96

8. 고린도전서 13:1-7(성령의 은사와 열매)

1 내가 사람의 모든 말과 천사의 말을 할 수 있을지라도, 내게 ☐☐이 없으면, 울리는 징이나 요란한 꽹과리가 될 뿐입니다.

2 내가 예언하는 능력을 가지고 있을지라도, 또 모든 비밀과 모든 지식을 가지고 있을지라도, 또 산을 옮길 만한 모든 믿음을 가지고 있을지라도, ☐☐이 없으면, 아무것도 아닙니다.

3 내가 내 모든 소유를 나누어 줄지라도, 내가 자랑삼아 내 몸을 넘겨줄지라도, ☐☐이 없으면, 내게는 아무런 이로움이 없습니다.

4 ☐☐은 오래 참고, 친절합니다. ☐☐은 시기하지 않으며, 뽐내지 않으며, 교만하지 않습니다.

5 ☐☐은 무례하지 않으며, 자기의 이익을 구하지 않으며, 성을 내지 않으며, 원한을 품지 않습니다.

6 ☐☐은 불의를 기뻐하지 않으며, 진리와 함께 기뻐합니다.

7 ☐☐은 모든 것을 덮어 주며, 모든 것을 믿으며, 모든 것을 바라며, 모든 것을 견딥니다.

가장 기억에 남는 것과 결심을 적어 보십시오.

7과

신약 교회

신앙생활과 믿음의 성장에 있어서 교회의 중요성은 아무리 강조해도 지나치지 않습니다. 그러나 교회 자체가 무엇인지 공부할 기회는 많지 않습니다.

'교회' 하면 제일 먼저 무엇이 생각납니까? 우리는 즉시 예배당 건물을 생각합니다. 그러나 예배당 건물이 교회라면 이해되지 않는 성경 말씀들이 많이 생깁니다. 오늘은 성경이 말하고 있는 교회가 무엇이며, 그 교회의 사명이 무엇인지에 대해 함께 살펴봅시다.

1. 마태복음 16:16-19

16 시몬 베드로가 대답하였다. "선생님은 살아 계신 하나님의
아들 그리스도십니다."

17 예수께서 그에게 말씀하셨다. "시몬 바요나야, 너는 복이
있다. 너에게 이것을 알려 주신 분은, 사람이 아니라, 하늘
에 계신 나의 아버지시다.

18 나도 너에게 말한다. 너는 베드로다. 나는 이 ☐☐ 위에다
가 내 ☐☐를 세우겠다. 죽음의 문들이 그것을 이기지 못
할 것이다.

19 내가 너에게 하늘 나라의 ☐☐를 주겠다. 네가 무엇이든
지 땅에서 매면 하늘에서도 매일 것이요, 땅에서 풀면 하늘
에서도 풀릴 것이다."

2. 마태복음 18:18-20

18 "내가 진정으로 너희에게 말한다. 무엇이든지, ☐☐☐
땅에서 매는 것은 하늘에서도 매일 것이요, 땅에서 푸는
것은 하늘에서도 풀릴 것이다.

19 내가 [진정으로] 거듭 너희에게 말한다. 땅에서 너희 가운
데 두 사람이 합심하여 무슨 일이든지 ☐☐☐, 하늘에 계
신 내 아버지께서 그들에게 이루어 주실 것이다.

20 두세 사람이 내 이름으로 모여 있는 자리, 거기에 내가 그
들 가운데 있다."

3. 에베소서 1:23

23 교회는 그리스도의 □이요, 만물 안에서 만물을 충만케 하
시는 분의 충만함입니다.

4. 골로새서 1:18

18 그분은 교회라는 몸의 □□이십니다. 그는 근원이시며,
죽은 사람들 가운데서 제일 먼저 살아나신 분이십니다. 이
는 그분이 만물 가운데서 으뜸이 되시기 위함입니다.

5. 마태복음 28:16-20

16 열한 제자가 갈릴리로 가서, 예수께서 일러 주신 산에 이르
렀다.

17 그들은 예수를 뵙고, 절을 하였다. 그러나 의심하는 사람들
도 있었다.

18 예수께서 다가와서, □□에게 말씀하셨다. "나는 하늘과
땅의 모든 권세를 받았다.

19 □□□□□ 너희는 가서, 모든 민족을 □□로 삼아서,
아버지와 아들과 성령의 이름으로 [3]세례를 주고,

20 내가 너희에게 명령한 모든 것을 그들에게 가르쳐 지키게
하여라. 보아라, 내가 세상 끝 날까지 □□ 너희와 함께
있을 것이다." [4]

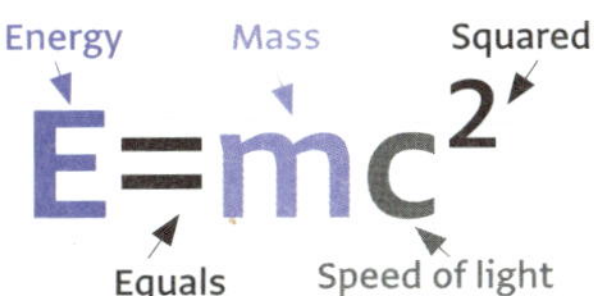

스티븐 호킹
위키미디어 공용(commons.wikimedia.org)

Therefore go and make disciples of all nations, baptizing them in the name of the Father and of the Son and of the Holy Spirit, and teaching them to obey everything I have commanded you. And surely I am with you always, to the very end of the age. (19-20절, NIV)

Therefore <u>having gone</u>, <u>disciple</u> all the nations, <u>baptizing</u> them in the name of the Father, and of the Son, and of the Holy Spirit, and <u>teaching</u> them <u>to obey</u> all that I have commanded you. (19-20절, Berean Literal Bible)

6. 마가복음 3:14-15

14 예수께서 열둘을 세우시고 [그들을 또한 사도라고 이름하셨다.] 이것은, 예수께서 그들을 자기와 ☐☐ ☐☐ 하시고, 또 그들을 ☐☐☐☐☐ 말씀을 전파하게 하시며,
15 귀신을 쫓아내는 ☐☐을 가지게 하시려는 것이었다.

가장 기억에 남는 것과 결심을 적어 보십시오.

Prescription(처방)	Description(묘사)
Prescription	Description
처방	묘사
이렇게 하라	이렇게 했다

8과

교회 생활과 가정교회

예수님이 기대하시는 교회 생활은 구체적으로 어떤 모습일까요? 우리 주위에 좋다고 소문이 난 교회들이 있습니다. 그런 교회들의 모습을 보고 배우는 것도 의미가 있겠지만, 가장 좋은 방법은 예수님의 제자들이 직접 세우고 섬겼던 신약 교회의 모습을 연구하고, 그 신약 교회의 모습을 회복하는 것이 아니겠습니까? 건강한 교회 생활의 모델은 언제나 성경이 되어야 합니다. 함께 성경대로의 교회 생활을 추구해 봅시다.

1. 사도행전 2:42

42 그들은 사도들의 □□□에 몰두하며, 서로 □□□ 일
과 □□ □□ 일과 □□에 힘썼다.

2. 에베소서 4:11-13

11 그분이 어떤 사람은 □□로, 어떤 사람은 □□□로, 어
떤 사람은 복음 □□□로, 또 어떤 사람은 □□와 □
□로 삼으셨습니다.

12 그것은 성도들을 □□시켜서, 봉사의 일을 하게 하고, 그
리스도의 몸을 세우게 하려고 하는 것입니다.
And He Himself gave some to be apostles, some prophets,
some evangelists, and some pastors and teachers, for
the equipping of the saints for <u>the work of ministry</u>, for
the edifying of the body of Christ, (11-12절, NKJV)

13 그리하여 우리 □□가 하나님의 아들을 믿는 일과 아는
일에 □□가 되고, □□□ 사람이 되어서, 그리스도의
충만하심의 경지에까지 다다르게 됩니다.

3. 사도행전 20:7

7 주간의 ☐날에, 우리는 ☐☐ ☐☐☐ 모였다. 바울은 그 다음 날 떠나기로 되어 있어서 신도들에게 강론을 하는데, 강론이 밤이 깊도록 계속되었다.

1) 에베소서 5:19

19 시와 찬미와 신령한 노래로 서로 화답하며, 여러분의 ☐☐ 으로 주님께 노래하며, 찬송하십시오.

2) 고린도전서 16:2

2 매주 ☐날에, 여러분은 저마다 수입에 따라 얼마씩을 따로 저축해 두십시오. 그래서 내가 갈 때에, 그제야 ☐☐하는 일이 없어야 할 것입니다.

○ 성경적인 교회, 바로 신약 교회를 회복해 보려는 많은 시도가 있습니다. 가정교회는 그 어떤 교회들보다 더 치열하게 신약 교회의 회복을 추구하고 있습니다. 주위에서 '목장', '목자'라는 용어를 사용하는 교회들을 종종 만나게 될 것입니다. 그러나 비슷한 용어를 사용한다고 해서 다 같은 가치를 공유하고 있는 것은 아닙니다.

○ 국제가정교회사역원에서는 가정교회의 핵심 가치들을 "세 축 네 기둥"으로 요약했습니다. 우리는 "세 축 네 기둥에 기초한 가정교회"입니다. "세 축 네 기둥에 기초한 가정교회"의

특징을 함께 살펴봅시다.

I. 가정교회 핵심 가치

1. 가정교회 핵심 가치는 ☐☐ 교회의 회복이다.
2. 성경을 단순히 이해한다.

   "☐☐이 그렇다고 하면 그런 줄 알고, 아니라고 하면 아닌 줄 알고, 성경이 하라고 하면 하고, 하지 말라고 하면 안 하고."
3. 가능하면 ☐☐에 나타난 교회 모습과 가까워지려고 노력한다.

1) 로마서 16:3-5, 14-15

3 그리스도 예수 안에서 나의 동역자인 ☐☐☐☐와 ☐☐☐에게 문안하여 주십시오.

4 그들은 생명의 위험을 무릅쓰고 내 목숨을 구해 준 사람들입니다. 나뿐만 아니라, 이방 사람의 모든 교회도 그들에게 감사하고 있습니다.

5 그리고 그들의 ☐☐☐ 모이는 교회에도 문안하여 주십시오. 나의 사랑하는 에배네도에게 문안하여 주십시오. 그는 아시아에서 그리스도를 믿은 첫 열매입니다.

14 아순그리도와 블레곤과 허메와 바드로바와 허마와, 그들과 ☐☐☐ ☐☐ 형제자매들에게 문안하여 주십시오.

15 빌롤로고와 율리아와 네레오와 그의 자매와 올름바와, 그들과 ☐☐ ☐☐ 모든 성도에게 문안하여 주십시오.

2) 골로새서 4:15

15　라오디게아에 있는 형제자매들과 눔바와 그 부인의 ☐☐
　☐ 모이는 교회에 문안해 주십시오.

II. 가정교회 네 기둥

1. 마태복음 28:19-20: 교회의 존재 목적

   1) 교회의 사명은 □□를 만드는 것이다.

   2) 대상은 모든 민족이다.

   3) 방법은 가서, 세례(침례)를 주고, 가르쳐서, 지키게 하는 것이다.

   4) □□ □□하여서 제자를 만드는 것이 교회의 궁극적인 존재 목적이다.

2. 마가복음 3:14-15: 예수님의 □□ □□ 방식

   1) 지식 전달보다는 □□ 배양이었다.

   2) 교실 강의보다는 □□ 실습이었다.

   3) 가르쳐서 제자를 만들려 하기보다는 □□□ 제자를 만들려 하셨다.

3. 에베소서 4:11-12: 성경적인 사역 □□

   1) 목회자의 사역은 성도들을 준비시키고, 준비된 성도들이 마음껏 사역할 수 있도록 리더십을 발휘하는 것이다.

       (1) 사역을 할 수 있게 훈련해 준다.

       (2) 사역을 할 수 있도록 적소에 임명해 준다.

   2) 준비된 성도의 사역은 목양을 하고 교회를 세우는 것이다.

4. 마가복음 10:42-45: □□□ 리더십

   1) 인생의 목적은 섬김에 있다.

   2) 하나님의 종이 된다는 것은 하나님이 원하시는 곳에서, 하나님이 원하시는 일을, 하나님의 방법으로 하는 것이다.

   3) 이웃의 종이 된다는 것은 이웃을 성공시켜 주는 사람이 된

다는 것이다.

　　4) 진정한 영적 권위는 섬김에서 나온다.

III. 가정교회 세 축

1. 가족 공동체를 경험하는 ☐☐ : 인간의 정적인 부분을 만져 준다(情).

　　1) 비신자가 예수님을 믿게 된다.

　　2) 기신자의 삶이 바뀐다.

2. 체계적인 ☐ ☐☐ : 인간의 지적인 부분을 만져 준다(知).

　　1) 비신자가 복음을 깨닫게 된다.

　　2) 기신자가 말씀에 의하여 삶이 변화된다.

3. 은혜로운 ☐☐ ☐☐ : 인간의 의지적인 부분을 만져 준다(意).

　　1) 비신자가 믿기로 결심하게 된다.

　　2) 기신자가 헌신을 결심하게 된다.

IV. 가정교회의 정의

"준비된 성도가 지도자가 되어, 가정집에서, 6-12명이, 매주 한 번 이상씩 모이는, 교회의 본질적인 기능(예배, 교육, 교제, 전도와 선교)을 다하는 공동체"

1. ☐☐☐ ☐☐가 목양을 한다.

2. 가정☐에서 모인다.

3. 6-12명으로 구성되어 있다.

4. 정기적으로 매주 한 번 이상 모인다.

5. 예배, 교육, 교제, 전도, ☐☐ 등 교회의 본질적인 기능을 다 한다.

V. 가정교회 특징 요약

1. 영혼 구원하여 ☐☐ 만드는 데에 사역의 초점이 맞추어졌다.

   1) 프로그램이 영혼 구원에 초점이 맞추어졌다.

   2) 예산이 영혼 구원해 제자 만드는 데 쓰이고 있다.

2. 셀(Cell) 그룹이 아니고 ☐☐ '교회'를 지향한다.

   1) 매주 모인다.

   2) 부부가 같이 모인다.

   3) 교회의 본질적인 사명을 다한다.

3. ☐☐☐☐ 헌신을 추구한다.

   1) 행사나 구호를 지양한다.

   2) 헌신이 생활 습관이 되도록 한다.

   3) 나이나 성별이나 직업에 상관없이 제자가 될 수 있도록 한다.

4. ☐☐☐☐☐ 영성을 추구한다.

   1) 성령 충만이 생활화된다.

   2) 성령의 은사가 자연스럽게 나타난다.

5. 제자 훈련과 성경 공부를 이원화한다.

   1) ☐☐이 제자 훈련의 장이다.

   2) 성경 공부는 가르침의 은사가 있고 훈련받은 분에게 주중
      에 교회에 와서 배운다.

6. 전도가 □□□ 되었다.

   1) 목장 식구의 역할은 비신자를 목장에 초청하는 것이다.

   2) 목자의 역할은 《생명의 삶》을 듣도록 권유하는 것이다.

   3) 목사의 역할은 복음을 가르쳐 예수님을 주님으로 영접하도록 인도하는 것이다.

VI. 가정교회 사명 선언(2001년 11월)

1. 신약 교회의 □□을 추구합니다. 조직, 활동(행 2:42), 사역 방법(행 2:46-47), 리더십 스타일(마 20:26-27)을 가능하면 신약 □□에 가깝게 만들어 보려고 노력합니다.

2. 교회 성장보다 □□ □□에 우선순위를 둡니다. 모든 사람이 다 구원받기를 원하는 것이 하나님의 소원이라고 믿기 때문입니다(딤전 2:4).

3. 비신자에게 전도하여 □□를 만드는 것에 교회 존재의 목적을 둡니다. 이것이 주님이 교회를 세우신 목적이라고 믿기 때문입니다(마 28:19-20).

4. 지식 전달보다는 □□ 배양에, 교실 교육보다는 □□ 실습에, 말로 가르치기보다는 행동으로 □□ 주는 방법을 제자 훈련의 방법으로 선호합니다. 이것이 예수님의 방법이라고 믿기 때문입니다(막 3:14-15).

5. 목회자와 성도 각자가 본연의 사역을 □□□□ 합니다. 목회자는 성도를 온전케 하는 일과(엡 4:11-12상), 기도와 말씀 선포(행 6:2-4), 리더십 발휘에 집중합니다(행 20:28). 준비된 성도들은 목양과 교회를 세우는 일을 합니다(엡 4:12하).

6. 셀(Cell) 그룹이나 소그룹이 아니고 □□□ 원형 교회를 추구합니다. 가정교회의 기초 공동체인 목장이 신약적인 공동체가 되기 위하여 다음 사항을 고수합니다.
   1) 매 주일 모입니다(행 20:7).
   2) 남녀가 같이 모입니다(롬 16:3-5).
   3) 신자와 비신자가 같이 모입니다(고전 14:23-25).

7. 직제, 성례, 설교권 등 제반 사항에 관해서는 각개 목회자의 신학적 배경과 소속된 교단의 전통을 존중해 줍니다.

9주

가장 기억에 남는 것과 결심을 적어 보십시오.

9과

그리스도인의 정체성과 승리의 생활

'내가 세상을 어떻게 살 것이냐'는 '내가 누구냐'와 밀접한 관계가 있습니다. 이것을 '정체성'(identity)이라고 합니다. 인간은 관계의 존재이기 때문에 관계 속에서 자기 정체성을 파악합니다. 어떤 사람은 일과의 관계 속에 자신의 정체성을 파악하고, 어떤 사람은 중요한 사람과의 관계 속에 자기의 정체성을 파악합니다. 그러나 흔들리는 대상과의 관계 속에 내 정체성을 파악하면 그 대상이 흔들릴 때 나도 흔들리게 됩니다.

우리는 흔들리지 않는 하나님과의 관계 속에서 정체성을 확립해야 어떤 상황 속에서도 흔들리지 않는 신앙생활을 할 수 있습니다. 하나님과의 관계 속에서 나는 누구입니까? 그리고 그것은 나에게 무엇을 의미합니까?

1. 에베소서 5:1

1 그러므로 여러분은 사랑을 받는 □□답게, 하나님을 본받
   는 사람이 되십시오.

2. 야고보서 4:1-3

1 무엇 때문에 여러분 가운데 싸움이나 분쟁이 일어납니까?
   여러분의 지체들 안에서 싸우고 있는 육신의 □□에서 생
   기는 것이 아닙니까?
2 여러분은 욕심을 부려도 얻지 못하면 살인을 하고, 탐내어도
   가지지 못하면 다투고 싸웁니다. 여러분이 얻지 못하는 것
   은 □□□ 않기 때문이요,
3 구하여도 얻지 못하는 것은 자기가 쾌락을 누리는 데에 쓰려
   고 □□ 구하기 때문입니다.

3. 고린도후서 11:2

2 나는 하나님께서 보여 주신 열렬한 관심으로, 여러분을 두고
   몹시 마음을 씁니다. 나는 여러분을 순결한 처녀로 그리스
   도께 드리려고 여러분을 한 분 남편 되실 그리스도와 □□
   시켰습니다.

4. 고린도전서 6:19

19 여러분의 몸은 여러분 안에 계신 성령의 ☐☐이라는 것을 알지 못합니까? 여러분은 성령을 하나님으로부터 받아서 모시고 있습니다. 여러분은 여러분 자신의 것이 아닙니다.

5. 빌립보서 3:20

20 그러나 우리의 ☐☐☐은 하늘에 있습니다. 그곳으로부터 우리는 구주로 오실 주 예수 그리스도를 기다리고 있습니다.

○ 나는 진심으로 그리스도인으로서 나 자신의 정체성에 걸맞게 살고 싶습니다. 그러나 자주 실패하고 넘어집니다. 나는 어떻게 내 정체성에 걸맞은 삶을 살아 낼 수 있을까요? 성경이 주는 답을 함께 찾아봅시다.

6. 마태복음 5:14-16

14 "너희는 ☐☐의 빛이다. 산 위에 세운 마을은 숨길 수 없다.

15 또 사람이 등불을 켜서 말 아래에다 내려놓지 아니하고, 등경 위에다 놓아둔다. 그래야 등불이 집 안에 있는 모든 사

람에게 환히 비친다.

16 이와 같이, 너희 빛을 사람에게 비추어서, 그들이 너희의
□□ □□을 보고, 하늘에 계신 너희 아버지께 영광을
돌리게 하여라.”

7. 마태복음 7:15-20

15 “□□ 예언자들을 살펴라. 그들은 양의 탈을 쓰고 너희에
게 오지만, 속은 굶주린 이리들이다.

16 너희는 그 □□를 보고 그들을 알아야 한다. 가시나무에
서 어떻게 포도를 따며, 엉겅퀴에서 어떻게 무화과를 딸 수
있겠느냐?

17 이와 같이, 좋은 □□는 좋은 열매를 맺고, 나쁜 나무는
나쁜 열매를 맺는다.

18 좋은 나무가 나쁜 열매를 맺을 수 없고, 나쁜 □□가 좋은
열매를 맺을 수 없다.

19 좋은 열매를 맺지 않는 나무는, 찍어서 불 속에 던진다.

20 그러므로 너희는 그 열매를 보고 그 사람들을 알아야 한
다.”

8. 요한복음 15:5

5 나는 포도□□요, 너희는 □□이다. 사람이 내 안에 머
물러 있고, 내가 그 안에 머물러 있으면, 그는 많은 열매를

맺는다. 너희는 나를 떠나서는 □□□□ 할 수 없다.

9. 로마서 12:9-21

9   사랑에는 □□이 없어야 합니다. 악한 것을 미워하고, 선한 것을 굳게 잡으십시오.

10   형제의 사랑으로 □□ 다정하게 대하며, 존경하기를 서로 먼저 하십시오.

11   □□을 내어서 부지런히 일하며, 성령으로 뜨거워진 마음을 가지고 주님을 섬기십시오.

12   소망을 품고 즐거워하며, 환난을 당할 때에 참으며, □□를 꾸준히 하십시오.

13   성도들이 쓸 것을 공급하고, 손님 □□하기를 힘쓰십시오.

14   여러분을 박해하는 사람들을 □□하십시오. 축복을 하고, 저주를 하지 마십시오.

15   기뻐하는 사람들과 □□ 기뻐하고, 우는 사람들과 함께 우십시오.

16   서로 한마음이 되고, 교만한 마음을 품지 말고, □□□ 사람들과 함께 사귀고, 스스로 지혜가 있는 체하지 마십시오.

17   아무에게도 악을 □□□ 갚지 말고, 모든 사람이 선하다고 생각하는 일을 하려고 애쓰십시오.

18   여러분 쪽에서 할 수 있는 대로 □□ 사람과 더불어 화평하게 지내십시오.

19 사랑하는 여러분, 여러분은 스스로 원수를 갚지 말고, 그 일은 하나님의 진노하심에 맡기십시오. 성경에도 기록하기를 "'원수 갚는 것은 내가 할 일이니, 내가 갚겠다'고 주님께서 말씀하신다" 하였습니다.

20 "네 원수가 주리거든 먹을 것을 주고, 그가 목말라하거든 마실 것을 주어라. 그렇게 하는 것은, 네가 그의 머리 위에다가 숯불을 쌓는 셈이 될 것이다" 하였습니다.

21 악에게 지지 말고, ☐☐☐ 악을 이기십시오.

○ 인간은 내 뜻대로 되지 않는 인생의 여러 위기 상황을 만날 때 그것을 벗어나 보려고 종교를 기웃거리기도 하고, 하나님을 찾기도 합니다. 그런데 하나님의 뜻대로 살고자 노력하며 사는 그리스도인들 역시 수많은 위기 속에서 살고 있습니다.

○ 전능하신 하나님이 나를 정말로 사랑하신다면 왜 하나님의 자녀들인 그리스도인의 인생에도 위기와 고난이 펼쳐지는 것일까요? 우리는 어떻게 그 고난을 딛고 일어서는 승리의 삶을 살 수 있을까요?

10. 야고보서 1:2-4

2 나의 형제자매 여러분, 여러 가지 ☐☐에 빠질 때에, 그것을 더할 나위 없는 기쁨으로 ☐☐하십시오.

3 여러분은 믿음의 시련이 ☐☐를 낳는다는 것을 알고 있습

시험(시련)
stress

니다.

4 여러분은 인내력을 충분히 발휘하여, 조금도 부족함이 없이
  ☐☐하고 ☐☐한 사람이 되십시오.

11. 히브리서 12:5-11

5 또 여러분은, 하나님께서 여러분을 향하여 자녀에게 말하듯
  이 하신 이 권면을 잊었습니다. "내 아들아, 주님의 ☐☐를
  가볍게 여기지 말고, 그에게 꾸지람을 들을 때에 낙심하지
  말아라.

6 주님께서는 사랑하시는 사람을 징계하시고, 받아들이시는
  ☐☐마다 채찍질하신다."

7 징계를 받을 때에 참아 내십시오. 하나님께서는 자녀에게
  대하시듯이 여러분에게 대하십니다. 아버지가 징계하지 않
  는 자녀가 어디에 있겠습니까?

8 모든 자녀가 받은 징계를 여러분이 받지 않는다고 하면, 여
  러분은 ☐☐☐이지, 참 자녀가 아닙니다.

9 우리가 육신의 아버지도 훈육자로 모시고 공경하거든, 하물
  며 영들의 아버지께 복종하고 살아야 한다는 것은 더욱더 당
  연한 일이 아니겠습니까?

10 육신의 아버지는 잠시 동안 자기들의 생각대로 우리를 징계
   하였지만, 하나님께서는 우리를 자기의 ☐☐☐☐에 참
   여하게 하시려고, 우리에게 유익이 되도록 징계하십니다.

11 무릇 징계는 어떤 것이든지 그 당시에는 즐거움이 아니라
   괴로움으로 여겨지지만, 나중에는 이것으로 ☐☐받은 사

람들에게 정의의 평화로운 열매를 맺게 합니다.

12. 에베소서 6:12

12 우리의 싸움은 □□을 적대자로 상대하는 것이 아니라,
통치자들과 권세자들과 이 어두운 세계의 지배자들과 하늘
에 있는 □□ □□을 상대로 하는 것입니다.

13. 고린도전서 10:13

13 여러분은 사람이 흔히 겪는 시련 밖에 다른 시련을 당한 적
이 없습니다. 하나님은 신실하십니다. 여러분이 감당할 수
있는 능력 이상으로 시련을 겪는 것을 하나님은 □□□
□ 않으십니다. 하나님께서는 시련과 함께 그것을 □□
□ 길도 마련해 주셔서, 여러분이 그 시련을 견디어 낼 수
있게 해 주십니다.

"시련과 고통을 겪는
그 순간에 네가 본
그 발자국은 바로 너를
업고 걸은 내 것이란다."

가장 기억에 남는 것과 결심을 적어 보십시오.

10_과

헌신

'헌신'이라고 하면 신학교에 가서 목회자가 되거나 혹은 선교사로 나가는 것처럼 유별난 것으로 생각합니다. 그래서 부담스러운 말이 되었습니다. 그러나 성경이 말하고 있는 헌신은 우리를 괴롭게 하는 부담이 아니라, 하나님의 사랑을 덧입은 사람에게 자연스러운 일이고 특별한 복에 동참하는 기회입니다. 성경을 통해서 헌신의 진정한 의미와 방법을 알아봅시다.

1. 로마서 12:1

1 형제자매 여러분, 그러므로 나는 하나님의 □□□□을
힘입어 여러분에게 권합니다. 여러분의 □을 하나님께서
기뻐하실 거룩한 산 제물로 □□□□□. 이것이 여러분
이 드릴 합당한 예배입니다.

2. 로마서 12:2

2 여러분은 이 시대의 풍조를 본받지 말고, 마음을 새롭게 함
으로 변화를 받아서, □□□의 선하시고 기뻐하시고 완전
하신 □이 무엇인지를 □□하도록 하십시오.

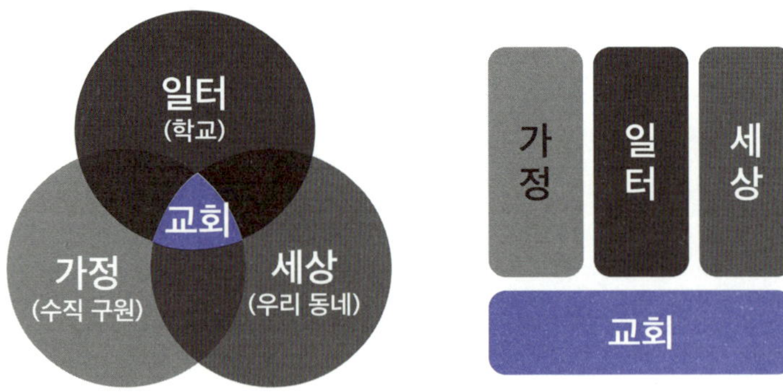

3. 베드로전서 2:9

9 그러나 □□□은 택하심을 받은 족속이요, 왕과 같은 □
□□들이요, 거룩한 민족이요, 하나님의 소유가 된 백성입니
다. 그래서 여러분을 어둠에서 불러내어 자기의 놀라운 빛 가
운데로 인도하신 분의 업적을, 여러분이 선포하는 것입니다.

4. 로마서 12:3-8

3 나는 내가 받은 은혜를 힘입어서, 여러분 각 사람에게 말합
니다. 여러분은 스스로 마땅히 생각해야 하는 것 이상으로
생각하지 말고, 하나님께서 각 사람에게 나누어 주신 믿음의
□□대로, □□에 맞게 생각하십시오.
4 한 몸에 많은 지체가 있으나, 그 지체들이 다 같은 일을 하는
것이 아닙니다.
5 이와 같이, 우리도 여럿이지만 그리스도 안에서 한 몸을 이
루고 있으며, 각 사람은 서로 지체입니다.
6 하나님께서 우리에게 주신 은혜를 따라, 우리는 저마다 다른
신령한 □□을 가지고 있습니다. 가령, 그것이 □□이면
믿음의 정도에 맞게 예언할 것이요,
7 □□□ 일이면 섬기는 일에 힘써야 합니다. 또 □□□
□ 사람이면 가르치는 일에,
8 □□하는 사람이면 권면하는 일에 힘쓸 것이요, □□□
주는 사람은 순수한 마음으로, □□하는 사람은 열성으로,
□□을 베푸는 사람은 기쁜 마음으로 해야 합니다.

5. 고린도전서 4:1-5

1 사람은 이와 같이 우리를, 그리스도의 일꾼이요 하나님의 비밀을 맡은 □□□으로 보아야 합니다.

2 이런 경우에 관리인에게 요구하는 것은 □□□입니다.

3 내가 여러분에게서 심판을 받든지, 세상 법정에서 심판을 받든지, 나에게는 조금도 문제가 되지 않습니다. 그뿐만 아니라, 나도 나 자신을 심판하지 않습니다.

4 나는 양심에 거리끼는 것이 없습니다. 그러나 이런 일로 내가 의롭게 된 것은 아닙니다. 나를 심판하시는 분은 주님이십니다.

5 그러므로 여러분은 주님께서 오실 때까지는, 아무것도 미리 심판하지 마십시오. 주님께서는 어둠 속에 감추인 것들을 환히 나타내시며, 마음속의 생각을 드러내실 것입니다. 그때에 사람마다 하나님으로부터 칭찬을 받을 것입니다.

○ 십일조는 많은 분들에게 부담스러운 단어입니다. 그리스도인들 중에는 십일조를 반드시 해야 한다는 입장을 가진 분들도 있고, 그렇지 않다는 입장을 가진 분들도 있습니다. 각각 어떤 성경적 근거를 가지고 그런 주장을 펼치는지 살펴보고, 십일조와 헌금에 대한 나의 입장을 정립하는 계기가 되기를 바랍니다.

7 "너희 조상 때로부터, 너희는 내 규례를 떠나서 지키지 않았다. 이제 너희는 나에게로 돌아오너라. 나도 너희에게로 돌아가겠다. 나 만군의 주가 말한다. 그러나 너희는 '돌아가려면, 우리가 무엇을 하여야 합니까?' 하고 묻는구나.

8 사람이 하나님의 것을 □□□ 되겠느냐? 그런데도 너희는 나의 것을 훔치고서도 '우리가 주님의 무엇을 훔쳤습니까?' 하고 되묻는구나. □□□와 헌물이 바로 그것이 아니냐!

9 너희 온 백성이 나의 것을 훔치니, 너희 모두가 저주를 받는다.

10 너희는 □□□ 십일조를 창고에 들여놓아, 내 집에 먹을거리가 넉넉하게 하여라. 이렇게 바치는 일로 나를 □□하여, 내가 하늘 문을 열고서, 너희가 쌓을 곳이 없도록 복을 붓지 않나 보아라. 나 만군의 주의 말이다.

11 나는 너희 땅의 소산물을 해로운 벌레가 먹어 없애지 못하게 하며, 너희 포도밭의 열매가 채 익기 전에 떨어지지 않게 하겠다. 나 만군의 주가 말한다.

12 너희 땅이 이처럼 비옥하여지므로, 모든 민족이 너희를 복되다고 할 것이다. 나 만군의 주가 말한다."

17 아브람이 그돌라오멜과 그와 동맹을 맺은 왕들을 쳐부수고 돌아온 뒤에, 소돔 왕이 아브람을 맞아서, 사웨 벌판 곧 왕

의 벌판으로 나왔다.

18 그때에 살렘 왕 멜기세덱은 빵과 포도주를 가지고 나왔다. 그는 가장 높으신 하나님의 제사장이다.

19 그는 아브람에게 복을 빌어 주었다. "천지의 주재, 가장 높으신 하나님, 아브람에게 복을 내려 주십시오.

20 아브람은 들으시오. 그대는, 원수들을 그대의 손에 넘겨주신 가장 높으신 하나님을 □□□□□." 아브람은 가지고 있는 모든 것에서 □□ □□를 멜기세덱에게 주었다.

8. 마태복음 23:23

23 "율법학자들과 바리새파 사람들아! 위선자들아! 너희에게 화가 있다! 너희는 박하와 회향과 근채의 □□□는 드리면서, □□와 □□와 □□와 같은 율법의 더 중요한 요소들은 버렸다. 그것들도 소홀히 하지 않아야 했지만, 이것들도 마땅히 행해야 했다."

9. 고린도후서 9:6-11

6 요점은 이러합니다. 적게 □□ 사람은 적게 거두고, 많이 심는 사람은 많이 거둡니다.

7 각자 마음에 정한 대로 해야 하고, □□□하면서 내거나, 마지못해서 하는 일은 없어야 합니다. 하나님께서는 □□ □□으로 내는 사람을 사랑하십니다.

8 하나님께서는 여러분에게 온갖 은혜가 □□□ 하실 수 있
   습니다. 그러하므로 여러분은 모든 일에 언제나, 쓸 것을 넉
   넉하게 가지게 되어서, 온갖 선한 일을 얼마든지 할 수 있습
   니다.

9 이것은 성경에 기록한 바 "그가 가난한 사람들에게 아낌없이
   뿌려 주셨으니, 그의 의가 영원히 있다" 한 것과 같습니다.

10 심는 사람에게 □□ 씨와 □□ 양식을 공급하여 주시는
   하나님께서, 여러분에게도 씨를 마련하여 주시고, 그것을
   여러 갑절로 늘려 주시고, 여러분의 의의 열매를 증가시켜
   주실 것입니다.

11 하나님께서 여러분을 모든 일에 부요하게 하시므로, 여러분
   이 □□□ 헌금을 하게 될 것입니다. 우리가 여러분의 헌
   금을 전달하면, 많은 사람이 하나님께 감사를 드리게 될 것
   입니다.

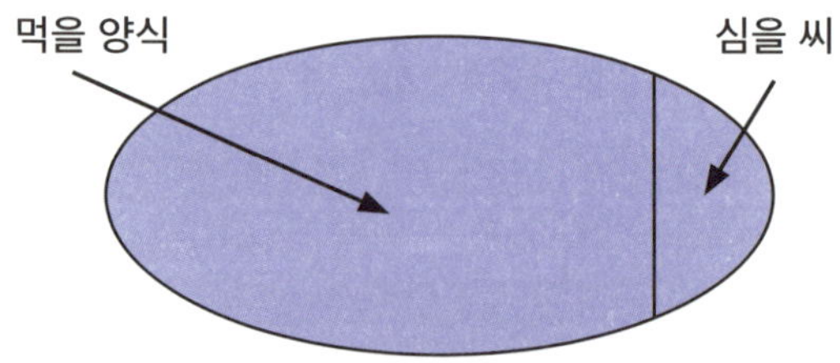

가장 기억에 남는 것과 결심을 적어 보십시오.

11과

헌신의 특권

성경은 계약서입니다. 이 계약이 하나님과 인간 사이의 계약이며, 하나님은 반드시 약속을 지키시기 때문에 '언약'이라고 말합니다. 계약에는 내가 할 도리가 있고, 계약 상대방이 할 도리가 있습니다. 그렇기 때문에 신앙생활은 나름대로 열심히 하는 것이 아니라, 성경대로 열심히 해야 합니다. 하나님의 약속을 붙잡고 내가 기대하는 바에 대해서 성경이 말하고 있는 '내가 해야 할 나의 도리'를 하면, 하나님은 '하나님의 도리'를 하셔서 약속하신 복을 내려 주십니다. 하나님이 주시려는 궁극적인 복은 무엇일까요?

22 말씀을 행하는 사람이 되십시오. 그저 듣기만 하여 □□ □ □□□ □□이 되지 마십시오.

23 말씀을 듣고도 행하지 않는 사람은 있는 그대로의 자기 얼굴을 거울 속으로 들여다보기만 하는 사람과 같습니다.

24 이런 사람은 자기의 모습을 보고 떠나가서 그것이 어떠한지를 곧 잊어버리는 사람입니다.

25 그러나 완전한 율법 곧 □□를 주는 율법을 잘 살피고 끊임없이 그대로 사는 사람은, 율법을 듣고서 잊어버리는 사람이 아니라, 그것을 □□하는 사람인 것입니다. 이런 사람은 그가 행한 일에 □을 받을 것입니다.

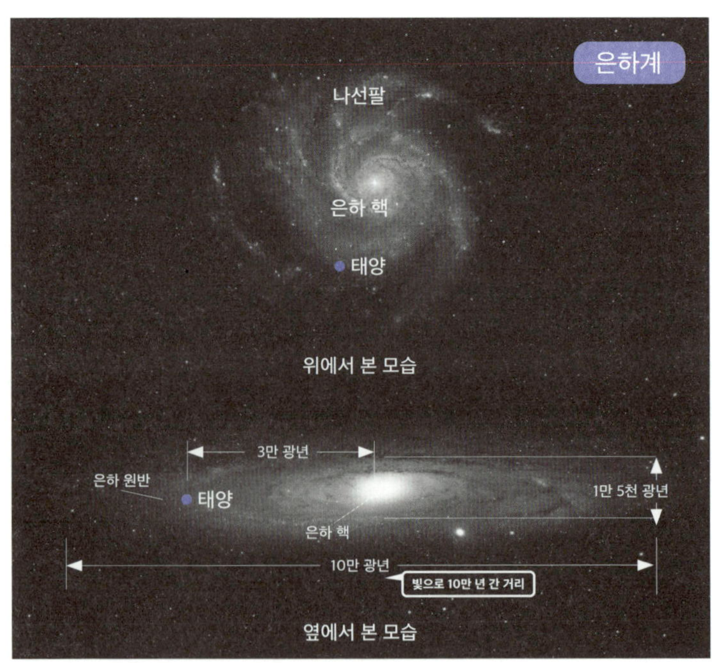

3 예수께서 그들에게 비유로 여러 가지 일을 말씀하셨다. 그는 이렇게 말씀하셨다. "보아라, 씨를 뿌리는 사람이 씨를 뿌리러 나갔다.

4 그가 씨를 뿌리는데, 더러는 ☐☐에 떨어지니, 새들이 와서, 그것을 쪼아먹었다.

5 또 더러는 흙이 많지 않은 ☐☐☐에 떨어지니, 흙이 깊지 않아서 싹은 곧 났지만,

6 해가 뜨자 타 버리고, 뿌리가 없어서 말라 버렸다.

7 또 더러는 ☐☐☐☐에 떨어지니, 가시덤불이 자라서 그 기운을 막았다.

8 그러나 더러는 ☐☐ ☐에 떨어져서 열매를 맺었는데, 어떤 것은 백 배가 되고, 어떤 것은 육십 배가 되고, 어떤 것은 삼십 배가 되었다."

o 헌신의 삶을 방해하는 가장 큰 장애물이 무엇입니까? 그것은 바로 내일 일에 대한 근심, 걱정, 염려입니다. 근심, 걱정, 염려가 내 인생을 갉아먹고 있지만, 우리는 도무지 그것을 내려놓을 수가 없습니다. 우리는 근심, 걱정, 염려에서 해방된 자유의 삶을 갈망합니다. 성경이 말해 주는 대답을 함께 찾아보고 즐거이 그 길을 선택합시다.

25 "그러므로 내가 너희에게 말한다. 목숨을 부지하려고 무엇을 먹을까 또는 무엇을 마실까 걱정하지 말고, 몸을 감싸려고 무엇을 입을까 걱정하지 말아라. 목숨이 □□보다 소중하지 아니하냐? 몸이 □보다 소중하지 아니하냐?

26 공중의 새를 보아라. 씨를 뿌리지도 않고, 거두지도 않고, 곳간에 모아들이지도 않으나, 너희의 하늘 아버지께서 그것들을 먹이신다. 너희는 새보다 귀하지 아니하냐?

27 너희 가운데서 누가, □□을 해서, 자기 수명을 한 순간인들 늘일 수 있느냐?

28 어찌하여 너희는 옷 걱정을 하느냐? 들의 백합화가 어떻게 자라는가 살펴보아라. 수고도 하지 않고, 길쌈도 하지 않는다.

29 그러나 내가 너희에게 말한다. 온갖 영화로 차려입은 솔로몬도 이 꽃 하나와 같이 잘 입지는 못하였다.

30 오늘 있다가 내일 아궁이에 들어갈 들풀도 하나님께서 이와 같이 입히시거든, 하물며 너희들을 입히시지 않겠느냐? 믿음이 적은 사람들아!

31 그러므로 무엇을 먹을까, 무엇을 마실까, 무엇을 입을까, 하고 □□하지 말아라.

32 이 모든 것은 모두 이방 사람들이 구하는 것이요, 너희의 하늘 아버지께서는, 이 모든 것이 너희에게 필요하다는 것을 □□□.

33 너희는 □□ 하나님의 나라와 하나님의 의를 구하여라. 그리하면 이 모든 것을 너희에게 더하여 주실 것이다.

34 그러므로 □□ 일을 걱정하지 말아라. 내일 걱정은 내일
이 맡아서 할 것이다. 한 날의 괴로움은 그날에 겪는 것으
로 족하다.”

4. 마태복음 25:14-30

14 “또 하늘 나라는 이런 사정과 같다. 어떤 사람이 여행을 떠
나면서, 자기 종들을 불러서, 자기의 재산을 그들에게 맡겼
다.

15 그는 각 사람의 □□을 따라, 한 사람에게는 다섯 □□
□를 주고, 또 한 사람에게는 두 달란트를 주고, 또 다른
한 사람에게는 한 달란트를 주고 떠났다.

16 다섯 달란트를 받은 사람은 곧 가서, 그것으로 장사를 하
여, 다섯 달란트를 더 벌었다.

17 두 달란트를 받은 사람도 그와 같이 하여, 두 달란트를 더
벌었다.

18 그러나 한 달란트 받은 사람은 가서, 땅을 파고, 주인의 돈
을 숨겼다.

19 오랜 뒤에, 그 종들의 주인이 돌아와서, 그들과 셈을 하게
되었다.

20 다섯 달란트를 받은 사람은 다섯 달란트를 더 가지고 와서
말하기를 ‘주인님, 주인께서 다섯 달란트를 내게 맡기셨는
데, 보십시오, 다섯 달란트를 더 벌었습니다’ 하였다.

21 그의 주인이 그에게 말하였다. ‘잘했다! □□□ 신실한
종아. 네가 □□ 일에 □□하였으니, 이제 내가 많은 일

을 네게 맡기겠다. 와서, 주인과 함께 기쁨을 누려라.'

22 두 달란트를 받은 사람도 다가와서 '주인님, 주인님께서 두 달란트를 내게 맡기셨는데, 보십시오, 두 달란트를 더 벌었습니다' 하고 말하였다.

23 그의 주인이 그에게 말하였다. '잘했다, 착하고 □□□ 종아! 네가 □□ 일에 신실하였으니, 이제 내가 많은 일을 네게 맡기겠다. 와서, 주인과 함께 기쁨을 누려라.'

24 그러나 한 달란트를 받은 사람은 다가와서 말하였다. '주인님, 나는, 주인이 굳은 분이시라, 심지 않은 데서 거두시고, 뿌리지 않은 데서 모으시는 줄로 알고,

25 □□□하여 물러가서, 그 달란트를 땅에 숨겨 두었습니다. 보십시오, 여기에 그 돈이 있으니, 받으십시오.'

26 그러자 그의 주인이 그에게 말하였다. '악하고 □□□ 종아, 너는 내가 심지 않은 데서 거두고, 뿌리지 않은 데서 모으는 줄 알았다.

27 그렇다면, 너는 내 돈을 돈놀이 하는 사람에게 맡겼어야 했다. 그랬더라면, 내가 와서, 내 돈에 이자를 붙여 받았을 것이다.

28 그에게서 그 한 달란트를 빼앗아서, 열 달란트 가진 사람에게 주어라.

29 가진 사람에게는 더 주어서 넘치게 하고, 갖지 못한 사람에게서는 있는 것마저 빼앗을 것이다.

30 이 □□없는 종을 바깥 어두운 데로 내쫓아라. 거기서 슬피 울며 이를 가는 일이 있을 것이다.'"

58　□□□□ 나의 사랑하는 형제자매 여러분, 굳게 서서 흔들리지 말고, 주님의 일을 더욱 많이 하십시오. 여러분이 아는 대로, 여러분의 수고가 주님 안에서 □□□ 않습니다.

가장 기억에 남는 것과 결심을 적어 보십시오.

《생명의 삶》을
마치며

전체적으로 가장 기억에 남는 것, 감사한 것,
특별히 결심한 것을 중심으로 적어 보십시오.

성경 요약
숙제 노트

성경 요약 숙제를 여기에 직접 쓰거나 혹은 컴퓨터로 작성한 후 인쇄해 스크랩을 해 두면 평생에 기념이 될 것입니다. 매주 성경 요약을 3쪽 이내로 하도록 33쪽이 첨부되어 있습니다. 손으로 쓴 숙제는 사진을 찍어서 카톡이나 문자 혹은 이메일을 통해 제출해 주시기 바랍니다.

 야고보서 1-5장(사도행전 21-24장)

196

가정교회 삶 공부 안내

단계	과목	주요 내용
1단계	《생명의 삶》	하나님에 대한 오해를 풀고, 성경이 인생 문제의 근본 원인으로 진단하고 있는 '죄'의 본질과 하나님의 해결책을 깨닫고 그 길을 따라 사는 구체적인 삶의 모습을 배웁니다.
2단계	《확신의 삶》	예수님을 영접하고 난 후, 하나님과 동행하며 자녀로 사는 첫걸음을 바르게 내딛도록 목자가 목원을 인도하는 일대일 수업의 삶 공부입니다. 《생명의 삶》을 마치고 예수님을 영접한 분을 대상으로 《새로운 삶》 전에 목자가 인도하는 것이 원칙이지만, 예수님을 이미 영접한 분이라면 《생명의 삶》 수강 전에 《확신의 삶》을 할 수도 있습니다. 따라서 가정교회를 시작하고 목자들이 어느 정도 섬김이 몸에 뱄을 때 도입하면 좋습니다.
3단계	《새로운 삶》	하나님을 만나고도 여전히 세상적인 생각과 방식에 익숙한 우리의 삶이 어떻게 하면 성경적인 가치관으로 재정립되어 새로운 삶이 될 수 있는지를 배우고 실천할 수 있도록 도와주는 삶 공부로서 《생명의 삶》, 《확신의 삶》에 이은 세 번째 필수 코스입니다.
4단계	《경건의 삶》	그리스도인이 삶에서 기도, 예배, 섬김, 고백의 훈련 등을 통해 어떻게 하나님과 가까운 관계를 유지하고 성숙한 신앙인으로 자라날 수 있는지를 배우고 연습하는 삶 공부로서 《새로운 삶》에 이은 네 번째 필수 코스입니다.
5단계	《하나님을 경험하는 삶》	우리 삶 속에서 항상 함께하시는 하나님을 어떻게 경험하고 만날 수 있는지를 성경과 기도 등을 통해 배우고 체험하는 일대일 혹은 소그룹 삶 공부로서 가정교회 삶 공부 시리즈의 마지막 필수 코스입니다.

- 국제가정교회사역원에서는 다섯 개의 필수 과목 외에도 성도들의 구체적인 필요를 채워 줄 수 있는 다양한 선택 과목들을 준비하여 제공하고 있습니다.

- 다음과 같은 세미나와 수련회도 준비되어 있습니다. 가정교회세미나, 목자연합수련회, 목자콘퍼런스, 초원지기콘퍼런스, 리더십콘퍼런스, 가정교회싱글연합수련회